网店盈利的13个关键

赵文错◎编著

廣東省出版集團
广东经济出版社

图书在版编目（CIP）数据

网店盈利的13个关键 / 赵文锴编著. —广州：广东经济出版社，2013.6

ISBN 978－7－5454－2296－2

Ⅰ.①网… Ⅱ.①赵… Ⅲ.①网络营销 Ⅳ.①F713.36

中国版本图书馆CIP数据核字（2013）第101535号

出版发行	广东经济出版社（广州市环市东路水荫路11号11～12楼）
经销	全国新华书店
印刷	湛江日报社印刷厂（湛江康宁路17号）
开本	730毫米×1020毫米 1/16
印张	18 1插页
字数	258 000字
版次	2013年6月第1版
印次	2013年6月第1次
印数	1～5 000册
书号	ISBN 978－7－5454－2296－2
定价	36.00元

如发现印装质量问题，影响阅读，请与承印厂联系调换。

发行部地址：广州市环市东路水荫路11号11楼

电话：(020) 38306055 38306107 邮政编码：510075

邮购地址：广州市环市东路水荫路11号11楼

电话：(020) 37601950 营销网址：http://www.gebook.com

广东经济出版社新浪官方微博：http://e.weibo.com/gebook

广东经济出版社常年法律顾问：何剑桥律师

前言

随着就业形势的日益严峻和生活压力的逐渐加大，很多人都萌生了自主创业的想法。互联网高速增长所蕴涵的巨大商机，也激发出了人们的“互联网创业”冲动。网络购物的兴旺带动了网店经营的热潮。凭借着低成本、低风险、交易快捷、产品丰富等优势，网店经营越来越受到人们的追捧，成为创业者首选的“热土”。许多用户通过在网上开店获得了较为丰厚的回报，成为或大或小的网店卖家，一起分享电子商务的巨大蛋糕。

鉴于这种大趋势，本书总结了13个有针对性的关键点。那些毫无经验却怀揣梦想的创业者可以在本书中找到打开网店经营大门的钥匙，了解开店前要做哪些准备，是全职还是兼职，如何保持良好的心态……就像先打好地基再盖楼房一样，网店经营者只有掌握了这些必备知识，才能保证在之后的经营中少走弯路。

那些整日忙忙碌碌却赚不到钱的经营者可以在本书中找到提升店铺人气的秘诀以及论坛管理、物流管理、财务管理等方面的技巧。只有不断完善自己的准备工作，才有可能迎来日进斗金的成功。

此外，那些热衷于刷信誉、赚人气的经营者也不妨翻开本书，了解一些能够提高店铺信誉的诀窍，而不是利用法律的漏洞来制造虚拟的信誉。要知道，空中楼阁在现实中是不存在的，虚拟的信誉终究会使店铺濒临崩溃的边缘。

本书针对网店经营的13个关键点进行逐一分析，循序渐进，引导经营者去了解网店经营的技巧：

“盈利关键1”主要是引导读者熟悉网店的开设流程、了解“软硬件”储备和介绍一些心态调整策略。此外，还对大家比较关注的问题——开网店，是全职还是兼职这个问题作了一些探讨，针对两种选择的利弊进行细致的分析。

“盈利关键2”主要讲述产品的定位。精准的定位往往能决定网店日后的方向和品位。

“盈利关键3”主要是讲述如何凸显产品的特色，让顾客能够一见倾心。

“盈利关键4”主要讲的是论坛的管理策略。通常情况下，玩转论坛就意味着在不断地为自己挖金矿，那些潜在客户往往就躲在论坛的某一个角落，只有够细心、有智慧的网店经营者，才有可能使顾客走进自己的店铺。

“盈利关键5”主要讲的是淘宝客推广。网店经营者可以利用“淘江湖”这样一些平台，将自己的产品成功推广出去。

“盈利关键6”主要针对淘金币时代进行细致分析，让读者深刻认识这种虚拟货币的“魔力”以及其能够给经营者带来什么样的利益。

“盈利关键7”主要讲财务管理。经营者要懂得从细节入手，省下来的就是利润。

“盈利关键8”主要讲产品推广，简介一些推广方式，例如促销。网店经营者可以对消费市场和消费人群进行细致的分析，然后再针对他们各自的特点策划不同的推广方案。

“盈利关键9”主要讲物流管理。可以毫不夸张地说，物流决定产品的“生死”，经营者要重视物流各方面的细节，不要让产品和店铺的信誉一起夭折在物流手中。

“盈利关键10”主要讲店铺人气。人气就是利润，每一个网店经营者的终极目标都是将自己的店铺打造成人气爆棚的“皇冠”店铺。

“盈利关键11”主要讲诚信经营。店无信不立，信誉就是网店存活下去的“氧气”，经营者只有充分了解这一点，才能使自己的店铺立稳脚跟。

“盈利关键12”主要讲评价管理。在“好评如潮”的时代，一个差评足以摧垮整间店铺。重视评价管理，避开一些“雷区”，这是每个网店经营者的必要工作。

“盈利关键13”主要讲品牌建设。再好的商品都需要一个大气的品牌作路标，这样才能让消费者更清晰地看见它、认知它、接受它，直到它深入人心，你也就成功了！

本书就是一本网店经营者的实用“教材”，通俗易懂，条理清晰。书中用了大量鲜明的构图和贴近生活的案例为读者解惑，汇集了成功经营者在销售、经营、服务等多方面的经验和技巧，并根据网上开店的一般流程，循序渐进地介绍了网上开店的各种技巧。所谓“小技巧蕴涵大智慧”，只要网店经营者能够掌握并灵活运用这些关键点，一定能够使自己的店铺深入人心，实现盈利。

适合阅读本书的读者：

刚毕业还未找到工作，想要自主创业的大学生；

无事业且没有确定目标的人群；

拥有实体店铺，想要在网上兼职经营的店主；

想在网络或者现实中创业的有志青年；

已经拥有淘宝店铺的经营者；

电子商务、互联网从业人员。

目录

盈利关键 1

打工不如开网店：小投入也有大收入 1

- 熟悉网店开设流程 / 2
- 开店需要哪些条件 / 6
- 心态决定小店的前途 / 10
- 物力、资金、人力准备 / 13
- 开网店，全职还是兼职 / 15
- 其他页面细节准备 / 19

盈利关键 2

选对方向赚大钱：精准定位，找到让网店日进斗金的经营项目 25

- 精确定位——致富的加速器 / 26
- 兴趣和能力 / 29
- 选对产品赚大钱 / 31

⊙ 选择热门商品 / 35
⊙ 打造爆款的准备工作 / 37
⊙ 找货源的各种途径和策略 / 40
⊙ 这样的产品千万不能在淘宝卖 / 44
⊙ 如何巧妙利用淘宝价格工具增加利润 / 47

盈利关键 3

同质化时代，差异化经营：凸显产品特色，让顾客一见倾心 51

⊙ 如何选择合适的关键词让店铺流量翻番 / 52
⊙ 撰写产品描述的五大步骤 / 54
⊙ 如何让网店的产品标题更吸引人 / 58
⊙ 撰写产品描述的营销技巧和原则 / 61
⊙ 什么样的图片才是合格的淘宝图片 / 65
⊙ 解读“知己知彼，百战不殆” / 67

盈利关键 4

论坛管理：发帖就是在挖金矿，学会“挖”出潜在客户 71

⊙ 如何省时省力地撰写精华帖 / 72
⊙ 如何回帖顶帖，让自己的帖子永远火爆 / 76
⊙ 如何稳固潜在顾客 / 77
⊙ 如何利用你的客户名单短时间内获得大量利润 / 82
⊙ 如何高效地在论坛发帖，推广你的主推产品 / 86
⊙ 普通帖百分之百升级精华帖的秘诀 / 88

盈利关键 5

“淘宝客”推广：利用免费平台将产品推出“江湖” 91

- 如何进行“淘宝客”推广 / 92
- 什么是“淘江湖” / 97
- 如何简单设置你的“淘江湖”以吸引流量 / 98
- 如何利用“淘江湖”做“淘宝客”赚钱 / 100

盈利关键 6

淘金币时代：虚拟货币也能“魅惑人心” 105

- 淘金币的定位 / 106
- 淘金币的应用 / 109
- 淘金币的报名条件 / 112
- 淘金币的基础运作 / 116

盈利关键 7

省下来的就是利润：财务管理，细节决定成败 121

- 网店销售的成本构成 / 122
- 定价的方法和技巧 / 125
- 邮费成本的合理控制 / 129
- 学会简单的记账方法 / 132
- 在选择和进货时的防骗技巧 / 134

盈利关键 8

酒香也怕巷子深：再好的商品也需要宣传推广 139

◎ 明确经营方向和范围 / 140
◎ 网店推广十项基本功 / 143
◎ 网店推广的三个阶段 / 147
◎ 网店推广的要点和技巧 / 151
◎ 网店经营有妙招 / 154
◎ 网店如何进行“秒杀”促销 / 158

盈利关键 9

物流决定生死：别让你的网店折在物流手里 163

◎ 发货前的物流准则 / 164
◎ 网店的主要物流配送方式 / 168
◎ 如何利用快递省钱 / 172
◎ 如何选择优质的物流服务 / 176
◎ 如何规范你的物流，减少损失 / 180

盈利关键 10

人气就是利润：如何打造人气爆棚的“皇冠”店铺 185

◎ 积攒人气的五个忠告 / 186
◎ 网店经营细节 / 189
◎ 如何灵活应对买家的讲价 / 193
◎ 防止顾客流失的方法 / 198
◎ 如何有效利用老顾客增值 / 201

盈利关键 11

诚信经营：店无信不立，信誉是网店生存的“氧气” 205

- 诚信是最好的招牌 / 206
- 诚意沟通为店铺积攒人气 / 209
- 案例：下岗妈妈开网店，创业成功 / 214
- 案例：淘宝“潜规则”——刷信誉遭遇“黑吃黑” / 217

盈利关键 12

评价管理：“好评如潮”的时代，一个差评足以摧垮你的网店 221

- 淘宝信誉评价规则 / 222
- 赢得 100% 好评率 / 228
- 如何引导消费者写好评 / 234
- 网店经营定当避开“雷区” / 237

盈利关键 13

品牌建设：好商品不如好品牌，学会让你的店铺深入人心 243

- 品牌的定位 / 244
- 如何打造自己的网店品牌 / 247
- 小网店也要大品牌 / 250
- 品牌建设抢占先机 / 252
- 案例一：御泥坊品牌 / 255
- 案例二：茵曼品牌 / 258

附录 《淘宝规则》/ 263

盈利关键1

打工不如开网店：小投入也有大收入

熟悉网店开设流程

随着社会的不断进步和互联网的不断发展，网上开店已经逐渐成为一种最便捷、最流行的创业方式。尽管不能与一个浩大的工程相比，但是开网店也需要投入很大的精力，很多的时间和资金，并且只有用心去经营，找到正确的方法，才能使网店快速步入正轨，使收益向自己的预期靠拢。因此，只有抱着“兵马未动，粮草先行”的远见，不打无准备之仗，才能为网店赢得一个光明的未来。

很多人都只是在网上开店的门外不断徘徊，蠢蠢欲动，却又因为不熟悉网络而显得犹豫不决。网店竞争逐渐进入了一种白热化的状态，价格完全公开，这也使得依靠网上开店赚钱越发具有难度。所以，要想真正融入e时代的创业热潮，首先就必须要清楚网店开设的流程。

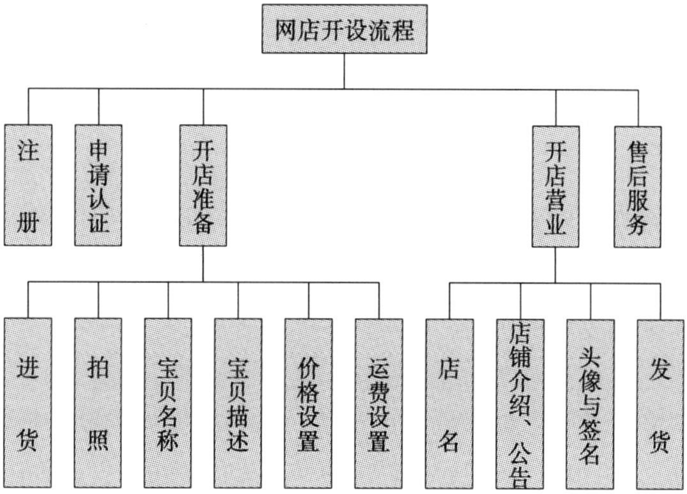

一、注册，起个好名字

别具一格的名字会让人在第一时间内注意到，而一旦吸引了人们的注意力，这就是一个好的开始，甚至往往还会给网店经营者带来意想不到的收获。那么，如何才能堪称别具一格呢？这就见仁见智了。举一些反面例子吧，比方说那些比较长甚至是超长的英文名或者毫无意义的一串数字，这些名字通常情况下只会让顾客“打马走过”，丝毫不会留下深刻印象。

在注册的时候，系统会提醒网店经营者一些重要内容，例如在设置密码的时候，一定要注重安全性和易记性，最好是英文、数字、符号的无序组合，而且最好是 16 位的。

二、申请认证

在申请认证的时候，需要上传身份证。最好是将身份证扫描下来，或者用数码相机拍下来。然后等待 3 个工作日，认证就会有结果了。有时候或许会因为某些原因而导致认证无法通过，出现这种情况客服就会与网店经营者取得联系，到时候网店经营者再完善自己的资料，重新认证即可。

三、开店准备

1. 进货

在进货方面，网店经营者一定要注重市场调查和货价对比。市场上什么东西最受欢迎？在哪家进货能够减少成本？一般情况下，网购迷多数是在校学生或者年轻的上班族，而年龄也多半在15岁至35岁之间。了解这群人的喜好特点，平日多研究一些相对高级的店铺，看看他们的宝贝、销售情况、特色，这样才能做到知己知彼。出售的宝贝也最好是人无我有，别具一格。这样网店经营者就能够准确地为自己的店铺定位，而只有有了精准的定位，网店经营者才能将自己的产品推往更大的市场上去。

2. 拍照

在这里不推荐用供货商提供的照片，买家往往更重视那些极具真实性的照片。然而，这里所说的极具真实性也并非说丝毫不加修饰，甚至无论像素好坏都直接放到店铺招牌上，而应学会修饰照片。总之，网店经营者要在不失真实的大前提下尽量将宝贝拍得美美的，那些过分处理过的照片往往会适得其反，给交易带来不必要的麻烦。

3. 宝贝名称

完善工作做完之后，就可以让宝贝上架了。网店经营者一定要将宝贝的名称起得独具特色。网店经营者可以换位思考一下，假设自己是买家，在想要买这款产品的时候，会在搜索栏里输入什么样的关键字呢？这就要求网店经营者除了要给宝贝起个很独特的名称外，还要注重常用的关键字，这是保证宝贝被广泛搜索到的重要因素之一。

4. 宝贝描述

宝贝上架之后，买家们除了会关注名称、图片外，还会去关注宝贝的描述。网店经营者要注意网页界面的整体美感。真正吸引人的宝贝描述要做到阅读方便，重点突出，条理分明，令人感觉舒适。此外，描述比较琐碎的时候，可以使用表格来规范，这样可以让买家一目了然，方便阅读。

5. 价格设置

价格的设置也是商品成交与否的一个重要因素。很大一部分人在购物的时候都会最先考虑价格因素。也就是说，网店经营者需要为自己的产品设置一个有竞争力的价格。

6. 运费设置

除了价格因素，运费也是买家十分关注的一个重点。很多买家都很在意自己所买的东西是否具有低邮价的特点。特别是那些比较便宜的商品，往往一看见高邮价，买家就会十分反感。

四、开店营业

1. 店名

和会员名一样，网店经营者的店名也需要起得十分有吸引力，能够让人在第一时间内锁定店铺——只因店名响亮且独特。但是，起店名有一个前提条件，那就是要让买家知道店铺是卖什么的。

2. 店铺介绍、公告

鲜明大方的店标、店铺介绍与公告都是开店必不可少的因素，千万不要让这些地方空着。做一个漂亮的店标，将店里的促销说明等都清晰地写在网店的公告栏上，店铺介绍可以写上主营项目，再写些小文章，让买家感受到经营者的用心，因为用心的网店经营者往往能够使买家安心。

3. 头像与签名

论坛可谓是网店非常好的一个交流窗口，当然也是宣传的好地方，但是发广告帖是被明令禁止的。所以，聪明的网店经营者可以将自己的广告做到论坛的头像与签名上去，漂亮的头像跟签名往往能够给经营者带来意想不到的收获。

4. 发货

当看到订单的时候，千万不要太过于得意。运送关可谓是重中之重，无论是平邮还是快递，都要尽可能地省钱，但是也要保证宝贝能够安全地被运送到买家手中。

五、售后服务

当网店经营者成功地卖出了自己的宝贝，这并不是说交易就此结束。如果经营者懂得完善售后服务，就不难发现，这一块可以为自己赢得很多“回头客”，买家对于售后服务的期望往往不亚于对宝贝质量的要求。因此，对自己的宝贝有信心的网店经营者，售后服务都必须要做得非常好，无论是退换货物服务还是技术支持服务，经营者都要尽量做到最好，这样才能保证自己的店铺能够客流不断。

总之，在做任何事情之前，网店经营者都需要清楚其流程，这样才能够拥有一种很清晰的思路去进行之后的计划。经营网店也是如此，当熟悉了网上开店的流程后，网店才可能做到开张大吉。

网店盈利箴言

经营网店需要有一个详细的计划，而开店流程则是计划中最为重要的一部分，经营者务必在开店前熟悉这套流程，以便在开店后实现稳定盈利。

开店需要哪些条件

从某种意义上讲，网店是一种虚拟商店。它不需要支付昂贵的店面租金，也不必忙前忙后地选店址、找仓库或雇用营业员。只要具备网上开店的最基本条件，任何人都可以在网上开店。那么，网上开店到底需要做足哪些准备呢？大致可以分为两点，即硬件储备和软件储备：

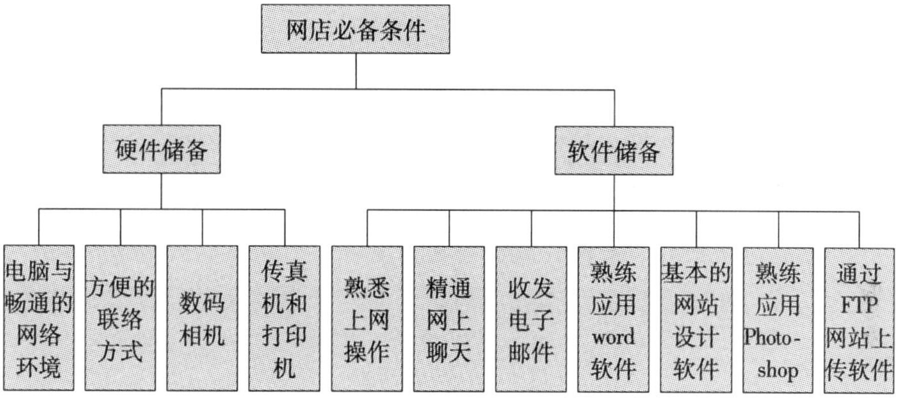

一、网上开店之硬件储备

开店之前需要有硬件储备，主要包括以下几方面内容：

1. 电脑与畅通的网络环境

网上开店，电脑当然是必不可少的，所以它可以算是开网店必备的硬件之一。网店经营者可以通过电脑上传商品图片以及相关商品信息，同时还可以与消费者取得联系并及时地进行沟通。

由于所有的商品交易都是通过网络实现的，因此，拥有畅通的网络环境也是开网店的另一个必备条件。

2. 方便的联络方式

与客户保持联系也是网上开店的必要条件。网店经营者可以通过 QQ、阿里旺旺等网络沟通方式与客户取得联系。但是，这些联络方式受制于电脑，如果处于离线状态就很有可能会错失生意，而且有些年长的客户对这些新型的通信方式还不适应。因此，配备一部方便联系的固定电话或手机，能使客户随时与网店经营者取得联系，这样就在无形之中保证了网店的客流量，也增加了成交的机会。

3. 数码相机

作为网店的另一大必需品，数码相机已经逐渐融入这个圈子，高品质的图片能增加卖点和吸引力，能够为店铺带来客流量。因此，拥有一台数码相机能将商品清晰、多角度地呈现于顾客面前，使顾客对商品有更加真实、直观的了解和感受，从而激发其购买欲望。

4. 传真机和打印机

当网店进入成熟阶段时，就会有很多顾客需要与网店经营者签订合同或相关协议，而这些具有法律效力的重要文件都需要通过传真机来接收和发送。

此外，打印机也是一家成熟网店必备的硬件之一。它可以用来打印订货单，不仅方便管理，还能体现出网店的专业性，更有利于日后打造自己的品牌。

以上这些都是开网店的基础硬件设备。网上开店经营策略有很多种，可以根据不同的经营策略和资金投入，选择其中的某几个硬件组合使用。

二、开店软件储备

除了需要配备上述几种硬件设备外，网上开店还需要软件支持。除了要掌握基本的上网操作外，网店经营者还要学习一些相关软件的应用，这样才更有利于网店的发展。下面列举几种网店经营者需要掌握的软件技能。

1. 熟悉上网操作

想要经营好一家店铺，网店经营者首先要熟悉上网操作。因为在网上开店，所有的交易都必须通过互联网来实现。如果网店经营者对上网一窍不通，那么网上开店终究也只能成为纸上谈兵。

2. 精通网上聊天

在经营网店的时候，不管是寻找、联系客户还是售后服务，都要用到网上聊天。这是网店经营者与客户沟通的最佳桥梁，网上聊天有助于促进网店经营者与客户之间的感情，双方交流、沟通得多了，交易也就可以顺理成章地进行下去。网店经营者要能够熟练地运用淘宝网的阿里旺旺、腾讯 QQ 等聊天工具，并且要熟悉各项附加功能。

3. 收发电子邮件

电子邮件是一种通过网络与其他用户进行联系的迅速、简便、廉价的现代通信方式。可以通过电子邮件传送文本和图像、声音等多媒体信息，并且可以获取大量免费的新闻、专题邮件，并轻松实现信息的搜索。一般情况下，发送一封邮件后在几秒钟之内就可以送达对方邮箱。随着网络的普及，越来越多的人都开始拥有个人电子邮箱。

所以，网店经营者要拥有自己专门的电子邮箱，可以到新浪、网易等大型网站上去申请，如 163 邮箱或 126 邮箱。如果需要与外国人交易，则可以使用国际通用的 Hotmail 邮箱等。为了更加方便、轻松地收发邮件，也可以使用类似 Fox mail 等电子邮件客户端软件。

4. 熟练应用 word 软件

Word（Microsoft Office Word）是入门级的文字编辑软件，具有比较多的功能。网店经营者可以通过它对合同和自己的产品宣传文案等进行编辑和美化，其好坏程度对销售量的影响也是相当大的。

5. 基本的网站设计软件

网店经营者还需要学习一些网站编辑和设计软件，如 Office 办公软件中的 FrontPage 和 Dream weaver。前者适合初学者学习，而后者是专门的网页设计软件，相对而言要更加专业一些。网店经营者可以通过这些去了解网上商城的建设原理，还可以为自己的商城设计几个漂亮的宣传广告页面，吸引顾客眼球。

6. 熟练应用 Photoshop

精美的页面和宣传图片通常都比较能够吸引顾客。Photoshop 具有图像编辑、图像合成、校色调色以及特效制作等功能。网店经营者可以通过

Photoshop 对淘宝图片进行处理，使其能够更好地表现出产品的特色。美观的图片通常可以瞬间吸引顾客的眼球，激发其购买欲望。

7. 通过 FTP 网站上传软件

FTP（File Transfer Protocol）是文件传输协议的简称，也是一个应用程序。它主要用于控制 Internet 上文件的双向传输。通过它，用户可以把自己的 PC 与世界各地所有运行 FTP 协议的服务器相连，访问服务器上的大量程序和信息。

> **网店盈利箴言**
>
> 只有“软硬兼施”，才能在网上顺利开店。

心态决定小店的前途

人们常说细节决定成败，心态决定一切。在开网店的过程中，心态十分重要，甚至说网店经营者的心态直接决定网店的命运都不为过。在互联网发展得如火如荼的当今时代，只要家里有一台能够联网的电脑，就可以在家工作或者创业。随着时代的进步，越来越多的人为了能够摆脱上班的束缚而辞掉工作在家开淘宝店创业。这里没有条条框框的规矩，人们可以自由地在电子世界“呼吸”。

也正是基于这种自由度，在网上开店的人越来越多，竞争的不断加剧，使得很多人都开始惶恐不安。然而，没有一种良好的心态，网店的经营就会出现一些漏洞，严重影响网店的前途。

很多经营网店的新手失败率很高。起初都是信心满满地开始经营一家网店，折腾大半年后却惨淡收场。究其根本，很多人都是心态上出了问题，才导致网店经营的最终失败。

所以说，端正心态是网店成功经营的第一步，这里为大家列举了几种常见的心态上的误区：

一、入门晚，没钱赚

“淘宝市场已经逐渐饱和了，现在才入门，肯定赚不到钱!”很多人在开网店之前都会产生这种思想。还没有踏入这个圈子，就开始打退堂鼓，这种心态是不可取的，甚至可以说从根本上它就是错误的。每一年，淘宝都会涌现出很多优秀店铺，它们当中有老店也有新店。

所以说那种“入门晚，没钱赚”的想法基本是没有依据的，甚至带着一种不敢尝试的胆怯心理。而关于淘宝市场饱和的说法也是没有依据的。因为虚拟市场本身就不存在所谓的界限，销售的商品种类也是五花八门的。而有的人之所以会感觉市场饱和，可能是因为接触到的商铺基本都是与生活关联性较大的商铺。例如服饰，淘宝网上最多的想必就是服装店，纵使如此，也不能以偏概全地认为市场已经处于饱和状态。因为每年的现实生活中都会涌现各种各样的新服饰品牌，所以说经营新的服饰店还是能有不同的新卖点的。

二、这山看得那山高

在生活中总是会有人喜欢攀比，开网店的过程中也不例外。有的人总是会因为别人的信誉不停上涨而发愁。总是会花时间去琢磨“为什么别人的信誉提升得那么快，而我的信誉就像蚂蚁爬行一样慢?”

其实这就涉及现实生活中普遍存在的一种心理：“同样的馒头两个人吃，总是感觉别人的好像比较好吃。”在网店的经营过程中还是比较忌讳这种攀比心理的，太看重信誉的提升，往往会给自己加压。这就像是网店经营者对于一个自己很熟悉的人的各种变化会逐渐失去敏感度。

关注信誉是一样的道理，网店经营者每天都盯着信誉度，就会感受不到它的变化，一旦经营者总是认为自己的信誉没有别人的提升得快，就会一味抱怨，而越是抱怨就会越发地失去信心。而实际上也许店铺信誉已经默默地提升了些许，只是网店经营者过于关注反而忽视了它的提升。同理可证，除了不要攀比信誉外，也尽量不要攀比收益。太过于在意利润反而会不利于定价策略的实施，赚多赚少都是赚，要有一个累积上升的过程，万不可抱有一夜暴富的念头。

三、得过且过即可

还有一种心态误区，就是人们总是会想着自己就是试试，得过且过就可以了，没有想着能够依靠开网店赚大钱。虽说这种心态也并非完全不可取，因为带着这种心态的人可以把得失看淡，但是如果过分地“看淡”，人的斗志就会慢慢被消磨，做任何事情也都会只抱着试试的心态，不投入精力和时间，网店经营水平就会永远停滞不前。所以，要把握好一个度，将这种心态上升为一种适度的淡泊。

以上就是为大家列举的典型的心态上的误区。其他的类似于淘宝成功的关键是刷信誉、刷信誉要花很多钱、店铺装修（网页排版设计）也是花钱才好等心态都是不正确的。任何一家成功的淘宝店铺都是由小做起，真诚待人，脚踏实地，然后慢慢形成较大的规模。“心急吃不了热豆腐”是每个网店经营者都必须谨记的原则。

了解了心态误区，很多人更关心的是如何培养端正、健康的心态。

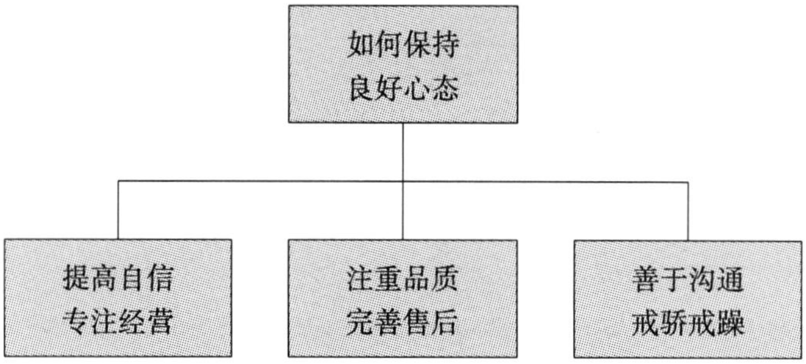

每个人都有适应新环境的能力。对于大多数人来说，网上创业应该是一种完全陌生的模式，而这种模式对于那些对电脑操作不熟的人来说，制约则更大。虽然万事总是开头难，但只要网店经营者在网上销售的领域中找准了自己的位置，然后时刻保持一种良好的心态，并且肯在网店销售方面多下工夫学习，提升专业技能，开一个生意红火的网店其实也没那么难。

网店盈利箴言

想要开好一家网店，经营者就必须拥有端正的态度和乐观的精神。要时刻记得，命运永远都只掌握在自己手中。

物力、资金、人力准备

在决定开网店之前，网店经营者除了要具备良好的心态，“硬件”准备也是十分重要的。而所谓的“硬件”准备就是指开店前一些必要的、具有实际意义的准备工作。其中包括三个方面的资源支持。如图所示：

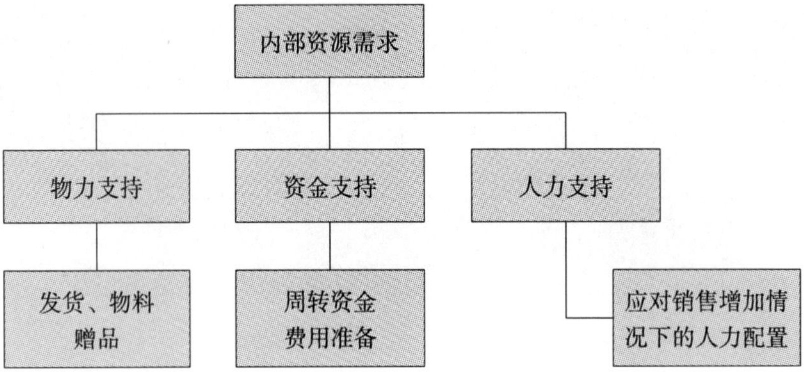

一、物力支持

物力支持其实非常容易理解，也就是说网店经营者需要哪些材料，或者是包装上有何要求，是否需要配备赠品，这些物料的数量有没有风险等。当然，在物力支持的环节中，网店经营者要注重产品的质量，并且要尽可能地做到别具特色，这样才可以在吸引回头客的同时不断地将自己的网店推广出去。物力支持是赢得好口碑的基础。

二、资金支持

这一点也是比较容易理解的，资金支持就是指周转资金及推广费用的准备。通常情况下，资金可以说决定着网店的命运，如果资金准备得不充分，则会引发比较严重的后果。在缺乏资金的情况下，网店经营者之前所做的计划或活动很可能会随时终止，这也就意味着前期所做的工作、所付出的心血都付诸东流了。因此，确认资金是否充足也是“硬件”准备的重中之重。

三、人力支持

在人力支持方面，网店经营者应当注意分配问题。客服是否敬业、美工配合度如何等问题都是不容忽视的关键点，而营销人员制定的方案是否科学合理等，也都显得尤为重要。此外，当网店在打造单品爆款的时候，如果效果明显的话，工作量就会猛增，这个时候的接单量和发货量都会远远超过正常量。通常情况下，有远见的网店经营者都会提前考虑甚至安排好人手，以备应接不暇之时。

当然，网店经营的准备工作远远不止这些。人们常说成功只会眷顾有准备的人，当网店经营者能够将必要的准备工作都做好了，就可以真正踏入这个圈子，开始网店的经营之旅了。此外，网店经营者完全没有必要给自己太大的压力，适度的放松会让自己保持一颗清醒的大脑，这样网店经营者才能将方方面面都考虑到，也才能积累更多的经验，做好网店的管理，使其更上一层楼。

网店盈利箴言

常言道："工欲善其事，必先利其器。"要想使网店的生意蒸蒸日上，就不要忘记事先打好网店的"地基"。

开网店，全职还是兼职

随着电子热潮来袭，全国网店如雨后春笋般纷纷冒出，数量之多，让人咋舌。这就意味着网络创业的竞争在不断增强，也意味着有越来越多的人需要依靠甚至完全依靠网店收入来维持生计。那么鉴于这种情况，到底应该把网店当做全职来做还是当做兼职来做？很多人都围绕着这个问题争论不休。

其实，如果经营者能够把握住机遇，开网店是可以当做全职来做的，甚至还有可能实现鲤鱼跳龙门的飞跃，从草根变成互联网的参天大树。虽说如此，然而开网店也存在太多的不稳定因素，所以想要涉足此间的人应该仔细分析它的利弊性。从这个角度上讲，将其当作兼职来做会减少一些不必要的风险。

一、开网店存在的不稳定因素

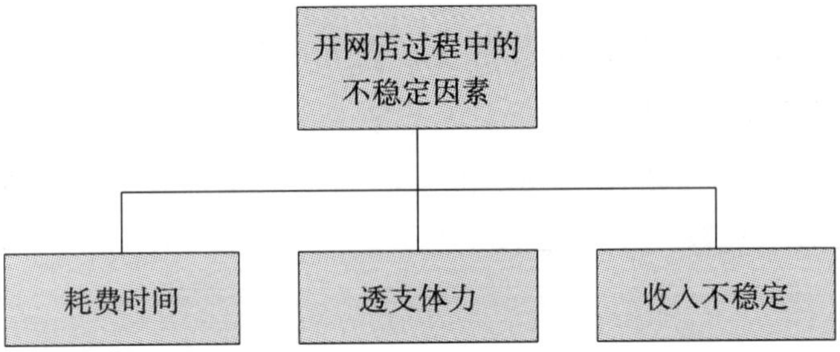

像以上这些问题所带来的困扰使很多人逐渐放弃了做一名全职网店经营者的念头。当然，如果人们能够克服这些难题，全身心投入网店经营之中，还是会有很大收益的。基于开网店机遇和风险并存的状况，商界对网络创业是否有前途主要有以下两种观点：

1. 开网店总归会赚到钱

基于这种观点，人们应该多向互联网那些成功的店铺学习，学习网店经营者的经营之道以及技巧、胆量。他们将网店当做自己的职业，全身心地投入并能够长期坚持，最终达到了自己的预期目标。

2. 网店太多，竞争激烈，赚钱不容易

基于这种观点，人们应当多关注开网店的风险，毕竟细节决定成败，如果太过于莽撞冲动，很有可能会陷入误区最终无法自拔。就像有些开网店的经营者自身生活比较拮据，却将所有的资本全部投入了网店，同时又没有找到适合自己的经营方法，如此一来他们花费了大量的精力和时间，却只能得到较少的回报，这就十分不可取了。

所以，当经营者预见了网店经营的风险性，就要理智地结合自身的情况去选择全职或者兼职，该收手时就收手，万不可影响到正常生活，否则将得不偿失。

当然，从不同的角度来看，这两种观点都有一定的道理。其实，现在网店并不像以前那么职业化，这主要是因为网店经营的门槛相对较低，不用花钱就可以注册开店，只要经营者懂一些电脑知识，就能进行基本的网店销售了。

虽然网店经营的门槛相对较低，但是，随着网络市场的细分，加上互联网发展和金融危机影响的双重作用，单纯依靠广告收入的网站经营可以说已经到了步履维艰的地步。生存空间的逐渐压缩，迫使众多网站纷纷转型，改变盈利模式，垂直性细分行业站，地方型网站开始走俏。有些赚不了钱的专职网店经营者逐渐转为兼职，而那些初步取得成功、找到盈利模式的网店经营者则已经把网店当成自己的职业，细心“耕耘”。

其实对于大多数想要开网店却又有重重顾虑的人来说，可以在不影响本职工作的前提下，将网店经营当做自己的兼职，等到有一些成效的时候，再去决定是否专心网店创业。

二、网店经营注意事项

不论是全职经营还是兼职，都要注意以下几点：

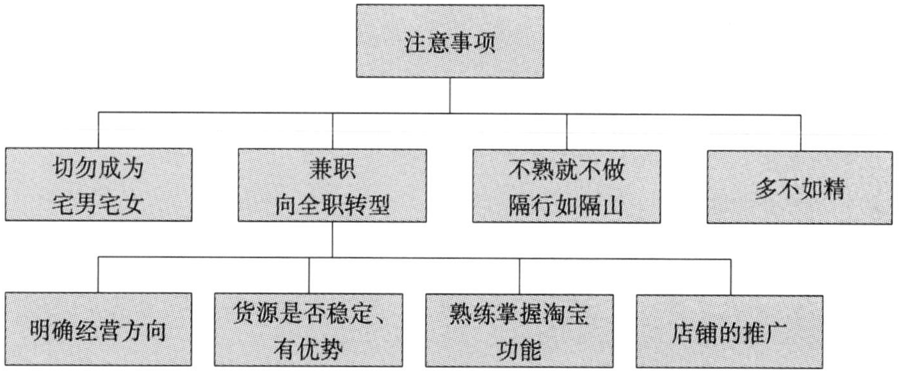

1. 切勿成为宅男宅女

开网店不管是全职还是兼职，都要避免自己成为宅男宅女。因为每天对着电脑对身体不好，这是共识。所以经营者要从百忙之中抽出时间让自己出去走走，开阔视野，放松身心。而且在放松的过程中经营者还可以逛一逛当地的批发市场，多和那些小商贩们进行交流，跟供货的老板多沟通。或者去看一看各大商场里有哪些热卖的商品，去书店看看有没有一些与网店经营相关的书籍等，这些都有可能会给生意带来意想不到的好处。

2. 兼职向全职转型

很多人在自己的网店刚开张的时候，或稍微发展得小有起色的时候就急不可耐地辞掉了自己原有的工作，雄心勃勃地准备将所有的精力全部投入到网店的经营上。但是实际上，过早辞职对网店经营者来说并非一个明智的选择。网店经营者在决定辞职回家专营网店前，需要考虑以下事项：

（1）明确经营方向。

（2）货源是否稳定、有优势。

（3）熟练掌握淘宝功能。

（4）店铺的推广。

3. 不熟就不做，隔行如隔山

对于那些小本创业的网店经营者而言，有一条十分重要的原则，那就是“不熟不做”。其实不管是哪一行业，剖其本质都是内行赚外行的钱。所以，要想在这个行业赚钱，首先就得使自己融入内行的圈子。想在网上开店的人绝不能选择自己完全不熟悉、不了解的行业。这就好比很多女人认为自己天生就有销售女装的实力，但是真正经营起女装店后却发现根本不是自己想象中的那样简单。

4. 多不如精

绝大多数的网店经营者都是怀揣梦想，将开网店当做自己腾飞的起点，梦想着有一天能够创建属于自己的电子商务王国，于是当自己的网店开起来以后就什么都想做，最后将自己的网店弄得五花八门、不伦不类。

其实网上真正做得好的大店铺，“百货商场”型的很少，大部分都是专做一类商品，最多跨越两到三个种类。所以说，网店经营品种要专而精，进货方面则是要少而精。

其实，人们不应该再在开网店究竟是全职还是兼职这个问题上争论不休，因为没有固定的答案。如果网店经营者不介意网店的收入得失，对其充满浓厚兴趣，就像热爱自己的孩子一样热爱网店，既不过分溺爱，也不轻易撒手，那么这样的人就能算是一位成功的业余网店经营者。这样的网店经营者还可以从其他的工作中获得收入。

而如果网店经营者将网店作为自己职业规划的中心，全力投入到自己的网店中，立志要在网络中把自己的网店做大，在失败时不轻易言弃，在成功时又不随便骄傲，那么可以说这样的网店经营者就是一个成功的全职网店经营者。这样的网店经营者只要能够坚持自己的原则，结合自身情况不断完善，相信最后一定可以抵达自己所憧憬的成功彼岸。

总之，每个人对开网店都会有自己不同的理解。对于网络零售行业来说，没有绝对的全职和兼职之分。开网店既是职业又是兴趣与爱好，所以人们要通过自己的兴趣爱好去决定网店的发展模式，尽可能地用最少的时间产生最高的效率，这才是真正的成功。

网店盈利箴言

经营网店需要一个循序渐进的过程，网店经营者切勿抱有一口就能吃成一个胖子的天真想法。

其他页面细节准备

在网店经营中，除了商品本身外，其他如卖家服务、物流、包装、售后等因素都会影响到买家是否最终购买商品。网店经营者还可以在商品页面中加入一些细节图。与在实体店购物相比，消费者在网络购物时会带有很多顾虑，因为在实体店购物的时候，顾客可以对商品进行直接的判断，可以看、摸、闻、尝、试、问，利用人类所有的感知器官直接感知，然后判断商品的好坏。

而在网上购物的时候，顾客只能通过文字和图片去感知商品，大多数顾客都会担心自己最终收到的货物与在网上看到的商品存在较大差异。也正是因为他们无法进行直观的判断，所以在网上买东西时，他们最大的心理疑虑就是商品质量。这个时候往往就需要网店经营者在商品页面中着重强调商品的质量。最直接的方法就是利用细节突出且很真实的图片让顾客最直观地看到商品，从而相信产品的质量是有保证的。另外，和实体店相比，顾客在网络上买东西时还会担心物流问题，物流环节是实体和网络的最大区别，而这也是一个相对容易出问题的环节。

针对物流问题，网店经营者可以在宝贝描述页面中加入物流公司的信息。例如发货的快递公司，发出后路上需要多少天买家才能够收到，不同的重量到达不同的区域价格如何等。还可以把商品的整个包装过程放入页面中，让买家能够看到直观的包装图片，让买家相信商品在路上是安全的。当然，商品页面中除了真实的图片、完整的物流信息外，还可以放入其他联系店铺的信息。

此外，很多顾客还会通过收藏进入店铺，这一点往往会被网店经营者忽略。其实可以在收藏页面中罗列一些信息，让顾客看到更多的细节，从而坚定自己的购买立场。下面介绍一下可罗列的信息。

一、其他商品的推荐图和推荐文字

在实体店购物的时候，通常都会有专门的导购人员给顾客做引导，引导他们购买第一件商品，当决定购买第一件商品后，导购员还会引导他们去购买第二件、第三件、第四件……这就是加一销售法。

然而，在网店经营过程中，我们无法把一个活生生的导购员安置在店铺中，也就是说我们无法真实地实行这种加一销售法。那么，这种销售法的工作就只能够通过网页本身来完成。执行的方法十分简单，在单品页面中，可以放入其他商品的推荐文字和推荐图，引导顾客看完这个宝贝之后再去看其他的宝贝，这就是网店的加一销售法，也可以称之为同类推荐。

二、信息告知

不少网店经营者会发出这样的抱怨，同样的竞价商品，为什么别人可以一个月卖几百件甚至成千上万件，而自己却只能卖几件，或者一件都卖不掉，也许价格还会比别人低很多。这就牵引出产品的信息告知问题。其实原因很简单，就是因为网店的信息告知不到位，顾客根本不知道网店在打折，这一点跟网店的行走路径有关系。

网店的行走路径有一个明显的特点——顾客基本不会从网店首页进入。通常情况下都是从搜索页面直接进入商品页面。这不像实体店的顾客基本都是从大街上直接进入店面。绝大多数网店经营者都会有一个传统的思维习惯，那就是把促销信息图放到店铺首页中，而忽略了网店顾客是从商品页面进入的。其实网店经营者最应该做的就是将信息告知放在一个比较显眼的地方，这样则可以吸引更多的顾客进入自己的店铺。

三、首屏信息

可能会有一些人认为首屏信息整理起来相对比较复杂，很难应用，实际上并没有想象中那么繁琐。只要弄明白页面首屏的功能，就可知道页面首屏能做什么。进入到页面首屏首先会看到两则重要信息，一个是店招，另一个就是商品主图。这两则信息所起到的作用相对比较简单，那就是让顾客浏览下面的页面，换言之就是说把顾客留住。所以在店招中网店经营者应该放入店铺核心信息、核心卖点，如促销、打折、秒杀等这样的信息。

四、店铺文化

每一件产品都有其独特的卖点，店铺也有店铺的卖点。网店经营者要将自己的店铺的特点展示出来，与同行有何区别、价值为何比同行高，等等，这些都需要进行展示。不是一定只有注册了商标的品牌才能堪称品牌。如果一间店铺能够广受欢迎、深入人心，那它就能算是一个品牌。

五、左侧栏功能

这个地方通常都会被人忽略。淘宝网设置的商品页面结构为左侧是170像素的左侧栏，右侧是750像素的商品展示栏。通常情况下，网店经营者都会只用右侧栏展示商品，却忽略了左侧栏的功能。那么左侧栏应该具备什么样的功能呢？其实左侧栏应该起到一个通道的功能，利用左侧栏把顾客从这个单品引导到店铺的其他地方。如果这个通道缺失了，那店铺访问的深度转化率就很难提高。

六、搭配减价

搭配减价就是建议顾客在购买商品的时候再搭配其他商品，这样会对店铺的客单价起到直接提升的作用。搭配减价也是淘宝网的一种促销工具。

七、效果展示

这是一个非常容易吸引顾客眼球的方法。例如，有些出售减肥药的网店经营者会将模特减肥前的照片和减肥成功的照片放在一起进行对比，这样就能够使顾客直观地看到产品的效果，其实其他大部分商品也能做到这一点，例如女装模特拍摄就可以体现这种效果。

八、真伪对比

现在淘宝网上有很多网店经营者会在店铺网页写上“假一赔十，绝对正品，专柜验货”。真伪问题可以说是淘宝网头上悬着的一把剑，很多在淘宝网购买商品的顾客都会担心自己所购买的会不会是假冒伪劣产品。所以建议网店经营者最好将商品的真伪对比图放在商品页面中，这样能够让买家更相信网店的商品。

九、实力展示

在消费者的观念中，那些具有一定规模的店铺更能带给自己安全感，买东西也就更加放心，因此要让买家感受到店铺实力、店铺规模及品牌实力、品牌规模。

十、售后信息

一般情况下，顾客购买商品时除了会对商品本身产生疑虑，还会比较担心购买商品以后如果出了问题是否能够得到解决，在实体店购买的物品出了问题顾客可以上门解决，但是在网店中，顾客与网店经营者的距离往往相隔千里，一旦出了问题而卖方又不承认，基本是无法解决的。所以，买家通常都会有这方面的疑虑，这就需要卖家在页面中把售后条款尽量说清楚，让顾客清楚地知道在什么情况下可以使用什么样的处理办法解决问题。

十一、文字描述

以上所提到的信息往往都是用图片的形式展示在顾客面前，然而也有很多问题是无法用图片说明的，这时就会用到文字描述。例如酒的味道经营者能够用图片表达出来吗？当然不行。这时就需要在商品描述中加入一定的文字，对商品进行解读。但是，在做这一点的时候，网店经营者需要考虑到文字的数量。21 世纪可以说是一个读图时代，绝大多数人都会对图片更具感知力，所以能用图片传达信息的时候就要尽量用图片。此外，在使用文字描述的时候，网店经营者要尽可能地使用图文结合的方式，尽量不要放入繁琐的大段文字。

十二、色彩规格说明

商品的色差问题在网店中可谓是比较常见的，这是因为数码照相机和电脑的显示屏幕都会影响到颜色的显示，这时网店经营者就需要在店铺中加以说明，让买家有一定的心理准备，因为质量再好的电脑或者像素再好的拍摄设备，都无法百分之百地解决色彩问题。此外，色彩规格说明也是为了避免产生纠纷。

十三、搜索引导

在网络上，顾客的行走路径一般都是随机的，他们往往会在短时间内就离开，因此很少会对某一家店记忆深刻，当他下次想要再来的时候，往往无法记得店铺在哪里，这就需要在商品描述页面中告知买家如果下一次还想来，应该如何找到自己。

十四、批发信息

实体零售店铺一般不经营批发，实体批发店铺却往往会经营零售。与实体营销不同，网络营销店铺一般在有一定的规模后就会经营批发，而网络批发商户一般不会经营零售，如果店铺的库存有保证，建议可以在零售店铺中尽量加入一些批发信息。

网店盈利箴言

网络销售与实体销售最大的区别之处就在于店铺的虚拟化与网页化，因此，想要做好网店，务必做好网店页面细节的准备。

盈利关键2

选对方向赚大钱：

精准定位，找到让网店日进斗金的经营项目

精确定位——致富的加速器

网店经营过程中比较重要的一个环节就是精准定位，其中包括对自身的定位和对服务客户群的定位。对自身的定位，就是要对自己的优势和劣势进行分析，取长补短，寻找一种最适合自己的产品和经营模式。每个在网上开店的经营者都有着自己的目标和想法，下面针对这几类人进行一下简单的分析。

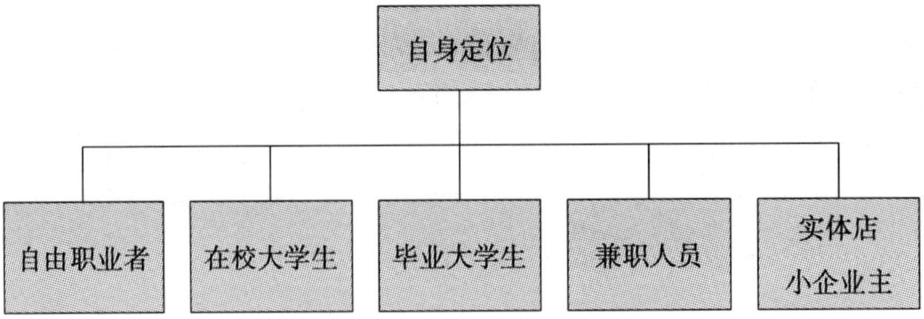

一、全职在网上开店的自由职业者

这类人通常都有充沛的时间和资金去经营他们的店铺。因此，这一类人应该扎扎实实地做好各方面的准备，精心选择一个项目，坚持长期做下去。时间越长，获益就会越高。

二、广大的在校大学生

目前在淘宝开店的网店经营者中有很大一部分是大学生。平日里他们的课业并不是很重，会有比较多的业余时间，因此开个网店赚点外快也是相当不错的选择。一般而言这类在校大学生做代销的比较多，还有不少学生选择销售虚拟游戏卡、电话卡等，主要因为这些产品的销售方式相对比较方便，进行网络发货就可以，并且这类产品不需要花太多的时间去经营。

三、大学刚毕业暂时找不到工作的人

还有一类人是刚毕业没多久还没有找到工作，他们对网上创业并没有太大的兴趣，只是想暂时做点事情来赚点钱。一旦工作有了着落，他们就会离开这个行业。因此，这类人大部分只是代理别人的产品，做代销，并且是以在短时间内赚到钱且投入不是很大为前提。

四、本身有工作的兼职人员

这一类人可能有自己的公司，有自己的产品，自己可以拿到便宜的货物。此外，他们上班时间是允许上网的，工作比较轻松，所以他们大多数也是做代销。

五、自己本身就有实体店的小企业主

有些自己有实体店的小企业主也开始在淘宝上面经营起自己的网店，

扩大自己的销售渠道。拥有自己的产品，以及拥有一定的行业经验，这些都使他们在网店经营方面轻车熟路，少走很多弯路。其实，很多实体店的小企业主们在网店的收入往往会比实体店的收入高很多。

以上这几类人只是相比之下较具代表性。目前在淘宝开店的人群分布相对比较散，不同的人自身条件不一样，开店的目的和想法也都不尽相同。因此，网店经营者万不可盲目跟风，需认清自己，结合自己的实际情况选择不同的经营模式和产品，这样才能少走弯路。

精准的定位除了对自身定位外，还有对客户群的定位。所谓对客户群的定位，就是指根据潜在目标客户制定销售策略以及选择产品。清晰的定位决定着店铺未来是否具备可以持续地为客户提供价值，并且能够保证不偏离轨道的能力。

例如网店经营者决定将店铺未来的客户群定位为学生，那么卖数码产品或者是虚拟游戏充值卡类的产品就比较合适；而如果网店经营者将客户群定位为普通上班族，那么服装、化妆品类产品则比较适合。

在做客户群定位的时候，网店经营者可以依照年龄、性别、区域以及消费水平来进行客户定位的细分。那些在网店经营中“大丰收”的人通常都是经营相对比较专业的产品，他们不会今天卖服装、明天卖饰品、后天卖包包……因为在做客户群定位的时候，他们已经确定为哪一部分人群规划产品。

然而，这些产品不仅仅是一种产品，随着客户群的稳定，还可以为他们提供相关的产品。定位好群体以后，网店经营者还可以根据群体特性判断店铺是以销售非品牌产品为主导还是以销售品牌产品为主导。如果这个群体喜欢以实用为主，那就上非品牌的产品。如果他们喜欢品牌的东西，就上品牌货。

那些自己本身就有产品，或是产品优势相对较大的卖家，也可以根据产品类别对店铺进行定位。无论是出售数码、服装，还是出售外贸原单产品，都可以找到他们相应的客户群。那些带有极强地域特色的产品，也可以用来对自己的店铺进行适当的定位。

当然，最好的选择就是找自己最感兴趣的市场去发展，这样可以充分地调动网店经营者的积极性，做起来也比较有干劲。此外还有相当重要的一点，如果经营者对这类产品本身就有一定了解，那么就能够很快熟悉起来，这就意味着网店经营者在这类产品的销售中能够占据一定的优势。

网店盈利箴言

精准的定位能够推动店铺的发展，所以找准自身位置以及做好客户群定位是开网店的一个相当重要的环节。

兴趣和能力

在为自己的产品进行定位的时候，网店经营者一定要尽量避免涉足一些不熟悉、不擅长的领域，结合自己的兴趣和能力进行慎重选择。一般情况下，商品的价值高，利润就会相对较高，但是资金的投入也会相对较大。对于那些既没有销售经验又缺少原始资金的创业族来说，负担相对较大。如果网店经营者能够拥有稳定可靠且物美价廉的货源，那么就不要再犹豫，尽管大胆地去尝试做这个产品。

经营网店没有阶层之分，没有学历之分，只要网店经营者对网店有着一份爱心和执著，坚持做下去，最终都会成功的。

一、在开店前期需要进行详细的市场调查

1. 品牌选择

经调查显示，国外的一些大品牌相对而言会比较有市场。但是在价格

上，大品牌的价格都没有很好的优势。

2. 产品定位

相对而言，在淘宝上100元以下商品的消费群体比较多，市场相对比较广阔。

3. 产品选择

在开店之前，网店经营者可以多去了解网上炒得比较火的产品，也可以多看看一些女性时尚类的杂志，重点关注杂志中推荐的产品，有些电视广告做得比较多的产品也是当下相对热门的产品。此外，单击淘宝最上方的“我要买”超链接，然后按照提示选择类别，就可以看到淘宝已经统计出来的某一类别中比较畅销的商品。网店经营者可以结合自己的兴趣和能力去选择适合自己的热门商品，以增加店铺的点击率。

当做好产品准备后，接下来就得在定价方面下工夫了。在这里网店经营者需要动用一些定价策略。所谓定价策略，就是适当地降低那些热卖和当期主推的产品的价格，但是切勿将价格定得太低，避免顾客认为网店卖的是便宜货。一般来说，在大多数人的观念中，“便宜没好货”，甚至还有可能是假货，所以经营者要适度地降低产品价格而并非一降再降，与此同时，经营者要把店铺中其他产品的价格提高一些。降低热销产品价格的主要目的是为了赚取店铺点击率，增加客流量，吸引人气，而不是为了赚钱。

二、为买家服务

在为买家服务方面需要做到以下几点：

1. 实事求是

当有顾客询问产品情况的时候，网店经营者切勿夸大其词，要如实向他们介绍各款产品的优点和缺点，这就要求网店经营者自己先要清楚地了解每款产品的特性。尽管这样会比较烦琐，但是却可以让顾客在很短的时间内对网店产生足够的信任。

2. 诚信经营

人无信不立，给予顾客的承诺一定要做到。如果真出现解决不了的问题，那就应该第一时间向顾客说明情况并道歉。

3. 和气生财

人们常说态度决定一切，在网络这个虚幻的世界也很适用。客服人员是顾客了解网店的第一扇窗口。因此，客服人员一定要秉着和气生财的态度，真诚耐心地对待顾客提出的每一个问题。

总之，想要经营好一家属于自己的网店，只有雄心壮志是远远不够的，那些过于浮夸的理念只会让经营者在经营网店的过程中迷失方向。倾听自己的心声，结合自身的能力去选择真正适合自己的经营之道和畅销产品，这样才能使小店扎稳根基，长远发展。

网店盈利箴言

只有真正了解自己想做什么、能做什么的网店经营者，才能给自己的网店一个准确的经营定位。

选对产品赚大钱

经营网店，精准的经营定位虽然很重要，但定位后选对产品更是决定店铺能否盈利的关键。网店经营者在选择产品时，要考虑该产品是否适合自己的店铺定位，以及是否适合网络销售。

一、适合网店销售的商品

适合网店销售的商品一般都具备以下条件：

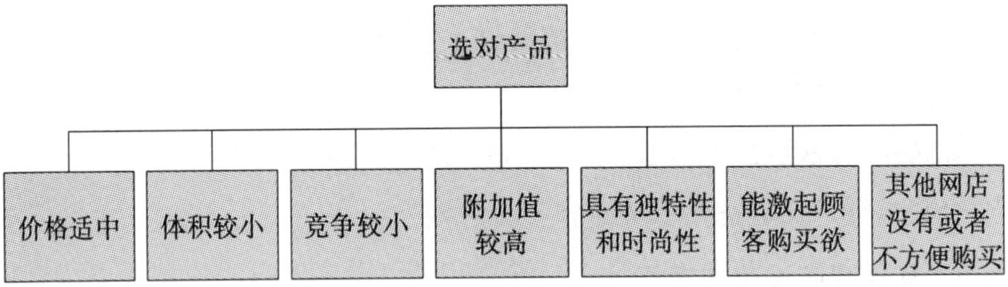

1. 价格适中

所选的产品价格都不能过高，通常情况下，产品的价格最好控制在300元以内。但是也要避免全部都是几元或者十几元的产品，因为如果那样的话就会给人一种地摊货的感觉，并且利润也不可观。

2. 体积较小

这类商品最大的优点就是运输方便，并且能够降低运输的风险。此外，因为体积较大或较重的商品在运输的时候费用会比较高，而物流费用的增加无疑会降低买家的购买欲望。

3. 竞争较小

随着网络的快速发展，网上销售的产品也越来越丰富，这就使产品同质化现象越发严重。那些竞争相对比较激烈的产品会让网店经营者很难“战胜”那些信誉颇高的店铺，另一方面产品利润也会相对地压低，收益就会因此缩减。所以在选择产品的时候，网店经营者要学会关注产品的竞争激烈程度。

4. 附加值较高

价值低于运费的单件商品是不适合在网上销售的，因为顾客在网上购物所节省的费用还不足以支付运费。

5. 具备独特性或时尚性

特色店铺不管放在哪里都是比较受欢迎的，如果能找到既时尚又独具特色的商品，如 DIY 玩具、定制饰品、定做服饰等，这些都是网店经营的极佳选择。

6. 能激起顾客购买欲

如果某种商品必须要买家亲自见到才能达到购买所需要的信任，那就不适合将这种产品放在网店里销售。

7. 其他网店没有或者不方便购买

这些产品通常都需要外贸下订单，或者直接从国外带回来。一般来说，这类产品的款式都比较新颖，比较受大众喜欢。

二、在选择与销售产品的过程中需要注意的一些事项

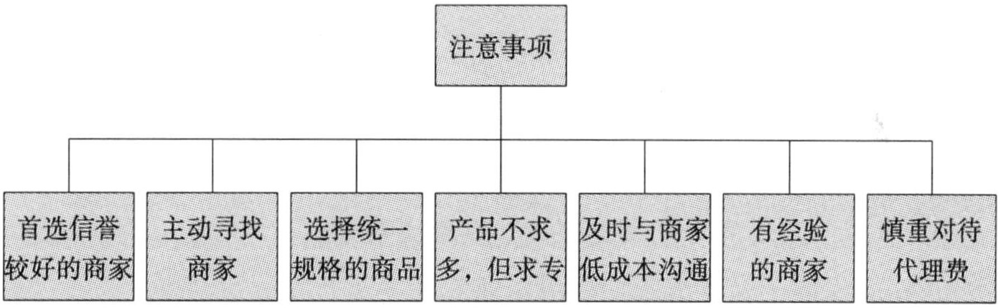

1. 首选那些信誉较好、规模较大的商家

规模不大的商家通常都比较容易倒闭，而信誉不好的商家又有可能出现欺诈行为，所以网店经营者在选择商家作为其代理对象时，一定要全面了解商家，不要被商家的优惠条款所迷惑。

2. 不要等着商家上门，要有主动寻找商家的觉悟

很多人做代理都是通过搜索引擎搜索到代理对象的，也有很多是商家主

动找上门的。鉴于此，很多网店经营者总是习惯守株待兔等待商家上门，这种态度在商场中是极不可取的，很容易被残酷的竞争所淘汰掉。网店经营者只有将主动权掌握在自己的手中，主动去寻找商家，才有盈利的可能。

3. 慎做个性变换的产品，选择有统一规格的产品

对于那些个性变换的产品，顾客通常会问一些经营者无法答上来的问题，这样网店就很难卖出产品。而选择统一规格的产品，熟悉其各方面的功能，就可以有效避免这些问题。推荐产品：电子产品、化妆品、保健品以及书籍音像制品等。

4. 产品不求多，但求专

网店的产品并不是越多越好，如果网店经营者上架1 000件产品，那不仅会使自己维护起来非常累，还会使顾客很难对店铺产生信任感。

5. 要及时快速与商家低成本沟通

当顾客问及产品的某个细节问题，而经营者恰好不清楚，这个时候就需要去询问供货的商家了。如果联系不到商家，网店的这单生意很可能就会化为泡影，但是打电话的话又会增加成本，而且问多了，人家会烦的，所以经营者最好能够与商家有一个较低成本的沟通平台，例如阿里旺旺或者腾讯QQ。

6. 商家最好要有开网店的经验，能给予指导

这样的话网店经营者不但可以快速赚钱，而且还能学到经验，不断地提升自己。

7. 慎重对待代理费

在选择代理费的时候，不少商家都会要求先交一笔或大或小的代理费。一听到要先交钱，可能很多人第一反应就是他们是骗子。其实也不尽然，确实有很多正规的商家需要代理费。当然，用这种方式行骗的也有很多，因此，网店经营者在遇到类似情况的时候要格外慎重，仔细调查商家，确定其合法性与可靠性之后再决定是否代理该商家的产品。

网店盈利箴言

产品是盈利之本，在产品的选择上网店经营者一定要格外留心。

选择热门商品

网店经营者如果能够将那些网络流行的热门商品都搬到自己的店铺中，那无疑是最明智的选择。它们会紧紧地吸引顾客的眼球，使网店的客流量剧增。那么，时下哪些产品能算得上是热门商品呢？归纳几类如下：

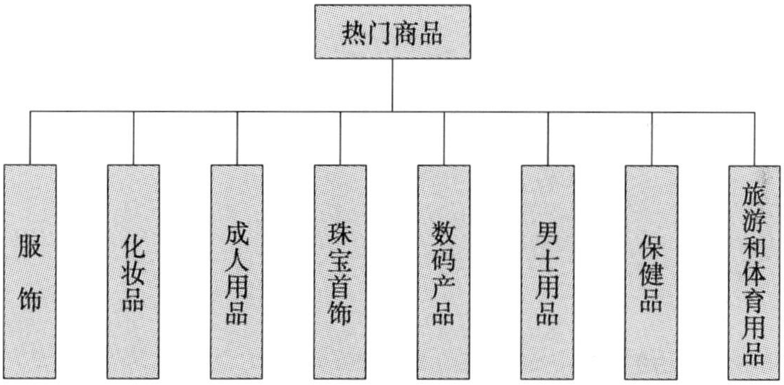

一、服饰

畅销理由：这类产品邮寄起来相对方便一些，而购物者多以女性为主。有这么一句话“女人的衣橱里面，永远少一件衣服”。所以，服饰的热度永远不会冷却。

二、化妆品

畅销理由：爱美是人的天性，尤其是女人。“幸福会让女人更美丽，美丽让女人更幸福。”化妆品是爱美之人的必备物品。也就是说，人只要爱美，化妆品的市场就不会萧条。

三、成人用品

畅销理由：由于传统观念的束缚，绝大部分的中国人都不敢踏进街头的情趣商店，但是需求确实存在，因此很多人都会选择在网上下单，这样可以足不出户地买到自己想要的商品。不过在销售这类商品的时候，网店经营者一定要注意保护顾客的隐私，以避免尴尬。

四、珠宝首饰

畅销理由：“美人首饰侯王印”，自古以来，首饰一直都是女人的宠物。女人对饰品的喜爱犹如男人对万宝路（一个香烟品牌，品牌名称起源于英国，最后在美国独立注册）的热衷。

五、数码产品

网上数码产品的更新换代速度要远远超过实体店，而且货源充足，所以如今在网上购买电脑、手机、数码相机、摄像机及相关配件的人越来越多。不管是从价格还是产品质量来说，网上的数码产品都在不断地赶超实体店的产品。

六、男士用品

其实男人的钱也比较好赚，例如具有一定身份象征的 Zippo 打火机便逐渐成为男人送礼和收藏的新宠。足不出户就能货比三家，买到物美价廉的商品，这正是网购的魅力所在。男人虽然比较务实，但他们偶尔也喜欢偷懒。

七、保健品

长期坐在电脑桌前，有没有感觉腰酸背痛？买点滋补的保健品吧；经常盯着电脑屏幕，有没有觉得眼睛干涩？买点保健滴眼液吧；上网到半夜，有没有感觉脸上的皮肤特别干燥？买点养颜的保健品吧。不管什么时候，保健品都不会失去市场，但是对于这类产品顾客往往更看重质量，因此经营者在进货的时候一定要有相关的质量保证。

八、旅游和体育用品

生命在于运动，适量的运动可以保持身体的健康。女士可以给自己买个瑜伽垫，从网上下个瑜伽视频跟着练习；男士可以给自己买副哑铃，在家锻炼，轻松方便。或者上班疲惫，找个假期关了电脑，买辆山地车与旅行包，去行山踏水，呼吸自然的新鲜空气……总而言之，随着生活压力的逐渐变大，很多人都喜欢用旅游与运动的方式来减压，一些旅游与体育用品也随之热销了起来。

网店盈利箴言

选择热销的商品虽然会面临较大的产品竞争，但是因为其市场广阔，只要经营者的销售方法得当，总能在商品的热销大潮中分一杯羹。

打造爆款的准备工作

熟悉网店经营的人都清楚，所谓爆款就是指某一时间段内在网上盛行的产品。而爆款通常就是网店经营者力推的产品。这款主打产品往往凝聚了大量的人力、物力、财力，只为其能够得以盛行，以便为网店增添知名度，从而扩大客流量。网店经营者每当要推出爆款的时候都会“呕心沥血”，竭尽所能地把产品的特色放大，同时用各种优惠条件来助势，以求把顾客的目光都吸引过来。

既然打造爆款如此辛苦，那么在打造爆款之前的准备工作自然也就十分重要。

一、了解爆款的生命周期

爆款的生命周期一般可以分为四个阶段。

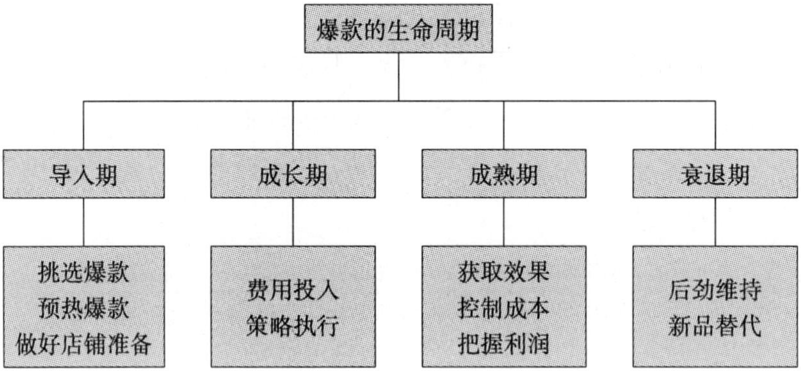

1. 导入期

这一阶段，网店经营者主要是在挑选爆款、预热爆款，做好推出爆款的准备工作。

2. 成长期

这个阶段，网店经营者所要顾及的是费用的投入和具体方案的执行。

3. 成熟期

这一阶段是获取效果的阶段，在这一阶段网店经营者应该严格控制成本，严格把握利润。

4. 衰退期

在衰退期，网店经营者应该要考虑的是爆款活动是否成功、效果如何、活动的后劲如何维持等问题。所谓活动的后劲，其实就是指在推爆期间单品卖得很火爆，而在推广之后单品销售是否能够维持这样的火爆。

二、对行业大环境进行分析

网店经营者需要弄清楚自己处在何种竞争氛围中，只有做到知己知彼，才能百战不殆。此外，还要对消费者进行分析，这样才能更好地迎合他们的需求。找到避免竞争的方法，就可以集中精力来做营销，而不是把精力花在战斗上，通过分析渠道就可以准确知晓打造爆款路在何方。网店经营者应从行业环境的四个角度去分析，如下图所示：

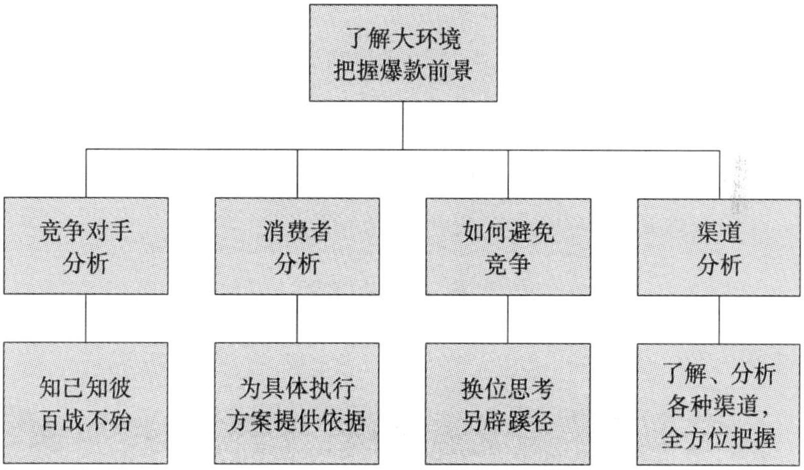

三、对爆款特征进行分析

了解同行的爆款都具备什么特征（如时间、款式、数量、利润等），可以方便网店经营者确定哪一个单品适合用来打造爆款。通常而言，产品的定位是否准确会直接关系到爆款是否能够取得成功。行业爆款的特征主要分为以下四个方面：

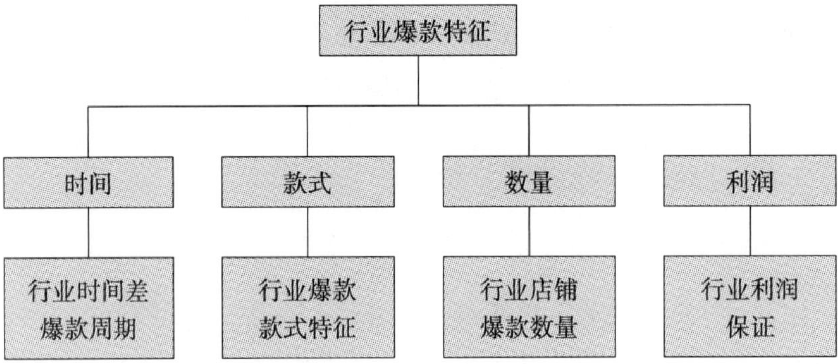

总之，多了解行业的时间差、行业的爆款周期、行业的火爆周期，可以为网店经营者选择爆款提供一定的依据。通常情况下，行业的爆款特征直接可以决定消费者需要什么样的商品。因此，充分了解爆款的生命周期、行业爆款的大环境以及行业爆款特征，对打造万众瞩目的单品爆款起着决定性作用。

网店盈利箴言

在打造爆款之前一定要做足准备工作，利其器才能达到善其事的效果。

找货源的各种途径和策略

优质的货源通常是产品质量和价格的保障，也可以直接决定网店经营者未来的收入。很多刚刚踏入这个圈子的网店经营者或许会认为寻找优质的货源比较困难。其实不然，途径有很多，关键就在于如何去寻找既优质又适合网店销售的货源。下面就列举几种网店经营者常用的寻找货源的方法。

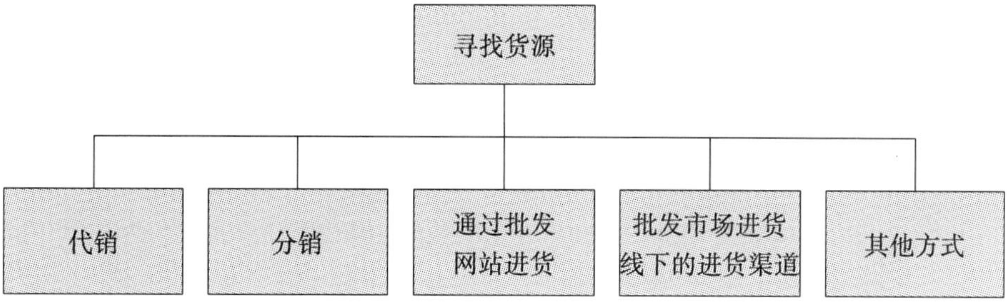

一、代销

所谓代销，就是指某些提供网上批发服务的网站或者能提供批发货源的销售商，与想做网店代销的人达成一定协议，为其提供商品图片等数据，而并非实物，并以代销价格提供给网店代销人销售。

通常情况下，网店代销人将批发网站所提供的商品图片等数据放在自己的店铺上进行销售。一旦有了订单，网店代销人就会通知批发网站为顾客发货。也就是说，销售出的商品只从批发网站处发出，直接抵达顾客所提供的地址。在这个过程中，网店代销人是看不见所售出的商品的。此外，网店代销的售后服务也由批发网站行使。

很多网店经营者都会选择代销这种方法，通过代理别人的产品来从中赚取差价。但是，在选择代销商的时候也要谨慎，因为有很多专门骗钱的代销网站。在这里我们可以通过几个方面来判别：

1. 观察代销网站制作是否专业

决定一个网站好坏的首要条件通常包括网页的设计、布局、排版，产品图片是否粗制滥造以及页面图片的精美程度。那些相对有实力的商家通常都不会节省网站设计费用。因此，当网店经营者看到那些“偷工减料”

的代销网站时，就有必要考虑其是否为骗子网站。

2. 观察代销网站的管理是否专业

代销网站的管理通常包括网站代销的条款制度是否合理、客服的专业程度、响应及回复速度以及各方面需要考虑的问题是否都有解决方案等。然后就是看代销网站所销售的产品是否过于杂乱。一般情况下，专业代销商会有选择性地销售商品，而不是什么商品都卖。此外，网店经营者还要注意对方公司属于哪个城市，发货地址和公司所在地是否一致等，通常而言大城市的可信度要相对高一些。

3. 可以先进一点货来进行验证

除了上述说的那些判别方法外，网店经营者还可以先站在买家的角度去体验对方的服务。例如可以先进一些货，去考察对方包括物流速度、产品质量、售后服务在内的各方面的情况。

二、分销

分销服务是淘宝最新推出的一个联系厂家和普通卖家的一个工具。通过淘宝强大的技术支持和整合优势，可以把商品供应商和产品分销商（也就是普通的网店经营者）有效地结合起来，从而能够大大提高工作效率。分销服务既能解决普通网店经营者找不到优质货源的问题，又能解决供应商想扩大销售规模的问题，实属一举两得。

其实在西方经济学中，所谓分销，就是指建立销售渠道，也就是指将产品通过一定渠道销售给消费者。如果从这个角度出发，我们可以将任何一种销售方式称为分销。也就是说，分销是产品由生产地点向销售地点运动的过程，产品必须通过某一种分销方式才能最终到达消费者的手中。

相对代销而言，网店分销拥有投资少、风险低等优势。通过分销，网店经营者可以代理到品质有保证且选择面较广的品牌产品。而分销的劣势在于此服务是刚推出的，所以还存在很多不足，包括退换货、支付延迟、操作复杂和技术支持等。这些问题都需要分销服务的不断完善才能得到解决。很显然，分销模式终究会成为网上开店创业的一个新型模式。

三、通过批发网站进货

随着互联网的不断发展，越来越多的人会选择通过网络进货来进行产品销售。然而，网上进货也会存在诸多风险，缺乏一定的质量保障，很难鉴别真伪，尤其对于那些第一次进货的新手来说，更容易上当受骗。

例如，有些骗子网站会打着低价批发某产品的旗号，让网店经营者先预付一部分定金。一般而言，批发产品的货物量会比较大，所以如果碰上骗子网站，一般都会被骗走几万甚至几十万的货款。对于网络犯罪，法律法规还有待完善，通常情况下，金额较小都很难立案。所以，只有网店经营者自己谨慎小心，才能尽可能地避免上当受骗的情况出现。在进货过程中，网店经营者一定要以自己的利益为前提，万不可放松警惕，永远不要在未查验货品前付款。

四、批发市场进货线下的进货渠道

几乎在每个城市中都会存在一些相对较大的小商品批发市场，那里的产品价格会比较便宜并且交通方便，所以通常都会吸引很多去进货的网店经营者。因“城”而异，每个城市的状况都不一样，所以网店经营者要在进货之前把握好沟通谈判的技巧，做好预算，不打无准备之仗，尽可能地降低进货成本。

五、其他方式

以上四种进货途径目前在淘宝中可谓相对普遍。而除了这四种方法外，网店经营者还可以选择一些其他方式去寻找货源。

例如有些人因为各种原因可以和一些厂家建立联系，于是就可以直接和他们沟通谈价，进行小额产品的批发。

再例如，可以销售一些自己制作的特色产品或者祖传秘方等。曾经有人在家自己制作各种新奇形状的植物肥皂，然后将其搬上了自己的网店，生意也异常火爆。还有一些人在淘宝销售自己家里祖传的治疗肩周炎或者其他病痛的药膏，也有相当不错的销量。

此外，还有很多人在网上开店主要是为了销售一些闲置在家的二手物品，或者因为尺寸不符而搁置的新产品，这些商品价格低廉，也十分有市场。

总之，在寻找货源的时候，网店经营者一定要找到适合自己的渠道。仔细认真地去了解市场以及各种进货途径，找到应对策略，谨慎小心地作出最终决定。任何时候都要以确保自身利益为根本出发点，稳扎稳打走好每一步。

网店盈利箴言

货源渠道是否通畅，直接影响到网店的出货速度与信誉状况。

这样的产品千万不能在淘宝卖

对产品进行筛选是开店过程中十分重要的环节。因为并不是所有的产品都适合放在自己的店铺里。经过总结，这里列出8项不宜在淘宝卖的产品的特点。

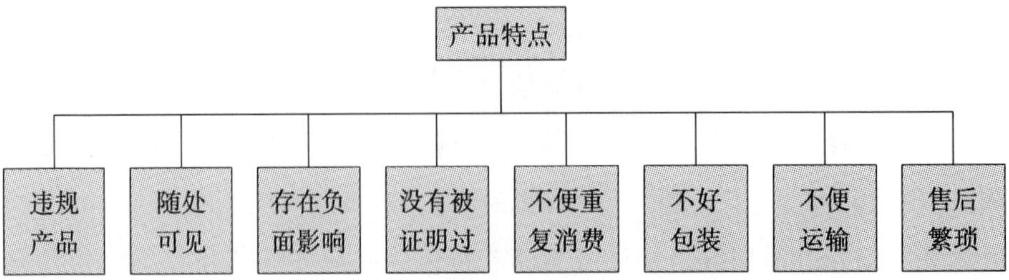

一、违规产品不能卖

这一点是毋庸置疑的。那些触犯国家法律法规的违禁品、假冒伪劣产品或粗制滥造的其他产品统统不能放进店铺卖。这一点可以参考淘宝规则制度方面的条例，里面有明确的说明。

二、随处可见的产品不能卖

所谓随处可见的产品，通常是指在超市随处可以买到的日用日化、食品、厨房用品等，这类产品我们通常称作“超市领域”，都不适宜在淘宝销售。因为这类产品不仅在价格上很难占据优势，而且运输起来也相当不方便。由于随处可以买到，所以网上购物便捷的优势也就很难体现了。因此，经营此类产品是很难做好的，网店经营者应当尽可能地避免这种产品。

三、有负面影响的产品或者质量比较差的产品不能卖

这种产品是万不可放在网店里卖的。因为这种带有负面影响的产品很有可能会招来顾客的投诉和差评，那会严重影响网店的声誉，甚至到最后连转型的机会都没有。因为负面的评价一旦损伤了网店的名誉，就很难得以修复。

四、没有被证明过的产品不能卖

或许有些人会想要标新立异，卖那些从来没人卖过的，或者说从来没有人卖成功过的产品。这种行为是相当危险的。因为这种产品要么就是违规的产品，要么就是根本打不开市场的产品。没有竞争者存在的地方往往不是“绿洲”而是“沙漠”，所以千万不要为了证明自己很“聪明”而冲动地去“沙漠”探险。

五、不便于重复消费的产品不能卖

如果网店销售的产品不利于重复消费，那么，网店经营者就不能为顾客提供终身价值。例如网店出售冰箱，经营者就得思考一个人一生能买几台冰箱呢？或许他买了这一次，以后永远都不会再光顾了。因此，经营者要卖消耗量大或者更新换代比较快的产品。消耗量大的产品包括服装类、化妆品类、食品类、虚拟卡类等。而更新换代比较快的产品包括电脑、手机、MP3 等数码产品。销售这种特性的产品，当客户数累积到一定量的时候，纵使网店经营者每天什么也不做，光靠回头客就能获得相对稳定的收益。

六、不好包装的产品不能卖

像建材类、机械类产品，虽然相对而言它们的竞争不是很大，但是却很难赚到钱。因为这类产品很难被包装出价值，很难通过利用精美的图片来吸引顾客的眼球，并且很多人都清楚这类产品在市场上是什么样的价位，网店经营者拿货的利润也薄，所以这种产品不能在淘宝上卖。

七、不便运输的产品不能卖

那种体积很大或者是有易碎易坏性质的产品最好不要在店铺销售。因为这种产品本身就有很高的运输成本，其次在运输过程中也存在着很大的隐患，承担的风险太大，退货、退款和换货概率都相对较高。这类产品一般包括大家电类、玻璃制品类、家具类等。因此，网店出售的产品体积不要太大，而且不要是玻璃或者瓷器等不易包装、容易碎的产品。当然，如果网店经营者拥有企业支持，有自己专门的物流系统的话，那就另当别论了。

八、售后服务比较繁琐的产品不能卖

有很多产品是不需要售后服务的，例如虚拟卡类的产品。但是对于数码类产品，例如手机、相机、小家电等产品来说，售后服务就比较重要了。网店的包换机制、保修机制、哪一方负责退货的物流费等问题，都需要考虑。尤其是卖低价的山寨数码产品或者不知名品牌的产品，刚开始可能会很畅销，利润也有保障，但是几个月后因为质量太差肯定会出现很多问题，有的产品甚至当即就有问题。如果买家需要保修就会快递回来，而网店经营者修好后又得快递回去，这样一折腾，无形之中就是在增加服务成本，甚至还会出现亏本现象。

此外，这类产品厂家的保修条件通常都比较苛刻，这会使卖家经常陷入两边不讨好的境地。

以上 8 条不适宜在淘宝销售的产品的特点，都需要网店经营者注意。

> **网店盈利箴言**
>
> 有些商品会给经营者带来暴利，但有的商品却只会带来“祸端”。

如何巧妙利用淘宝价格工具增加利润

关于产品的价格定位，很多人都有自己的方式和心得。如果网店经营者能够掌握技巧，灵活定价，就能够给网店带来意想不到的收益。这里就借鉴一下一些成功店主的定价经验，对几种相对比较常见的定价方式进行分析：

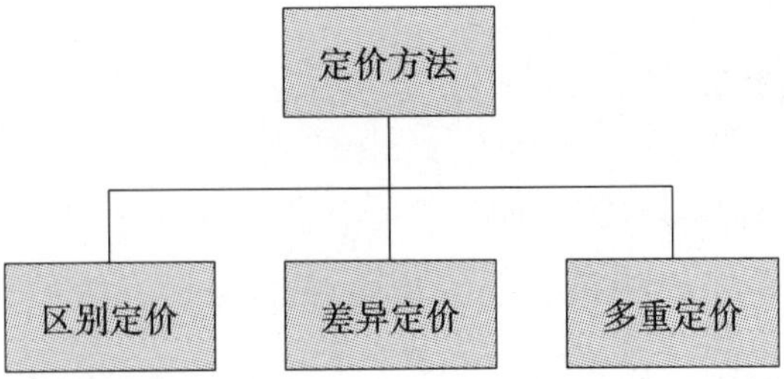

一、区别定价

首先说到的是区别定价。区别定价的灵活性就在于网店经营者可以给自己的产品设置很多不同版本的价位。通过实践证明，在这样的定价结构中，70%的人都会选择中间价位版本的定价。这种定价方式通常可以满足不同人的不同需要，在大幅增加销量的基础上还可以增加单品的利润。

在进行宝贝描述的过程中，网店经营者需要进一步地将不同版本可以得到的相应服务通过图片和文字的形式直观地进行说明。此外，还可以设置一些赠品，以便进一步达到增加销量的目的。当然，赠品其实也属于价格的一部分，而抬高价格、增加赠品的方式对顾客来说则更具吸引力。

在出版业通常可以看见这种定价方式。例如，郭敬明的小说《小时代》就被分为简装版和限量精装版。简装版定价为27.2元，而限量版定价则高达99.8元。这就可以看出，简装版的定位主要是针对普通人群，而限量精装版则主要针对那些相对比较痴迷的粉丝。

通常情况下，高昂的价格会造成疯抢的局面，这其中带着一点“物以稀为贵”的意味。在那些较痴迷的粉丝眼中，价格越高就代表越珍贵，而当自己拥有这种限量版书刊的时候，他们的心里就会产生一种优越感，也正是基于这种优越感，他们会一次又一次地去购买自己心目中的“限量版”。简装版和限量版之间的价差正是网店经营者利用区别定价的方式所增收的利润。

二、差异定价

对于产品的价格，每个人的敏感性都不相同。有些人会比较喜欢追求最新、最奇、最时尚的潮流，他们总是渴望能够在第一时间去享受，哪怕是以比较高的价格去购买。所以，针对这一类人，网店经营者通常可以采取“前期高价、后期低价”的定价方式。前期可以利用一些会员优惠活动吸引顾客，后期则可以利用特价和团购的方式来进行促销。通过预售和团购的方式，在产品成本上其实基本不存在差别，但是在利润和销量上却有很大的差异。这种利用客户的差异化定价的方式可谓是比较普遍的。

三、多重定价

在搜索商品的时候，不少人会习惯使用价格从低到高的产品排列搜索方式。因此，为了能够获得更多的关注度，很多网店经营者会使用降低产品价格、抬高快递价格的方式来定价。这种方式一般较多会用于尺寸相对较大、运输费用比较难计算的产品上。

还有一些网店经营者会直接把价格定到最高或者最低，目的只是为了获得第一名的排名。当顾客进入店铺后，会在宝贝描述中发现真实价格。这种方式虽然可以吸引流量，但通常都是“垃圾流量”，完全不能获得成交，往往还会使顾客心生厌烦。所以多重定价也要利用得当，一旦陷入误区，很有可能会适得其反，彻底失去顾客的信任。

总之，网店经营者如果能够灵活地运用淘宝价格工具，结合实际，适度地给产品定价，就会使自己的店铺获得更多的点击率，增加额外的收益。

网店盈利箴言

找到适合产品的定价方式，巧妙地进行调整，网店经营者会发现不一样的盈利模式。

盈利关键3

同质化时代，
差异化经营：
凸显产品特色，让顾客一见倾心

如何选择合适的关键词让店铺流量翻番

现在是快速购物时代，顾客想在最短时间内搜索到自己想要的产品，最大众也最合适的方式就是通过关键字来搜索。因此，对于网店经营者而言，想要提升自己的店铺访问流量，以及产品销售额，一定要在产品标题中加入搜索率最高且适合产品的关键词。

那么，首先我们可以来看看如何获得预选的关键词。假设网店经营者在网上销售的是台灯类的产品，那网店经营者则可以在淘宝首页的搜索栏中输入关键词“台灯”，然后在下拉框中获得其他用来做预选的关键词。

然后，在使用关键词“台灯”的搜索结果页面中，也可以看到淘宝给出的其他匹配类似的关键词。

与此同时，网店经营者还可以借鉴搜索结果中其他淘宝同行类似的产品，然后借鉴他们所使用的关键词。这样一来网店经营者最终可以收集很多关键词作为产品标题的预选关键词。

找到预选关键词后，网店经营者下一步要做的工作就是对这些预选关键词进行再次分类。然后从这些关键词中挑选出最适合、最好的几个关键词。那么，如何选择关键词呢？通常可以分为两个步骤：

一、判断关键词的竞争性

也就是要看使用这种关键词的产品数量，使用得越多，就代表竞争性越大，能搜索到的同类产品结果也就越多，那么其使用价值就会越小。例如，进入淘宝首页，搜索关键词“护眼灯”，在搜索结果页面中可以看到，此关键词能搜索到的相关产品数目为26 517件；搜索关键词“护眼台灯”，最终的结果是23 045件。两者相比较而言，在竞争性方面似乎没有太大的差距。

二、关键词的搜索量分析，也就是需求分析

不被人搜索的关键词是不具任何使用价值的。只有当别人搜索了经营者的关键词，经营者的产品才有可能被人看到。在这里，以“护眼台灯”和“护眼灯”两个关键词为例来分析到底该如何选择最适合的关键词。

我们可以使用百度指数网站来看该关键词的搜索热度。有全球最权威的中文检索数据作基础，再加上科学、标准的运算以及较为直观的图形显示界面，这些都能够说明百度指数的权威性，它能够帮助用户最大化地获取有价值的信息。

只要在百度搜索中输入关键词，网店经营者就可以看到各类关于此关键词的分析指数。只要看用户的关注度，就可以知道关键词的搜索量的区别之所在。所谓用户关注度，就是指以关键词为统计对象，以数千万网民在百度的搜索量为数据基础，科学分析并计算出各类关键词在百度网页搜索中搜索频次的加权和，然后以曲线图的形式展现出来。如果网店经营者想要对两个关键词的搜索数据进行对比，那么可以在两个关键词中间插入逗号来点击搜索。例如，网店经营者可以在百度搜索框中键入“护眼灯，护眼台灯”关键词，然后单击旁边的“百度一下”按钮，就可以得到想要的搜索结果。

分析了用户关注度之后，网店经营者就可以很明显地区分出哪一类关键词更具有优势。所以，根据上面的方法，网店经营者可以对各类所需要的关键词进行依次分析，然后再根据数据显示得出想要的结果。经过总体规划取舍后，网店经营者就可以选出最好的、最适合店铺产品的关键词。

网店盈利箴言

适合产品的关键词就像是一盏指路灯，又像一把钥匙，它能够指引消费者一步一步走进经营者的店铺，寻找适合自己的产品，而网店经营者要做的就是要使网店的灯泡发光发亮，使网店的钥匙更加灵活。

撰写产品描述的五大步骤

在挑选商品的时候，顾客往往会比较关注产品描述。可能有的网店经营者会因不知如何撰写产品描述而犯愁，其实大可不必，因为撰写商品的产品描述一般都有一种较为固定的规律和格式，集中体现为五大步骤：

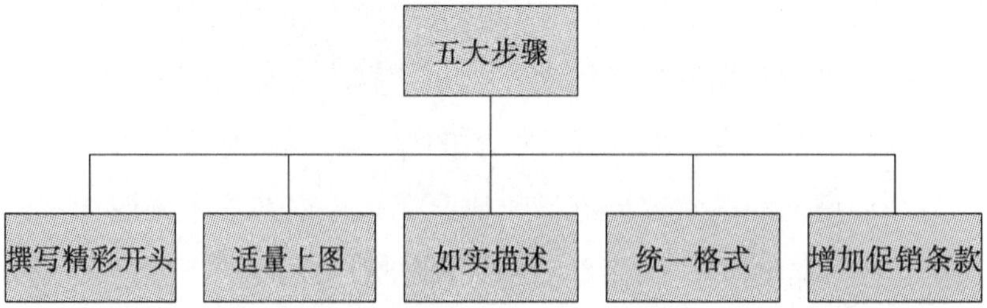

一、撰写精彩开头

网店经营者可以这样猜想，当顾客停留在网店的产品描述上时，他们会喜欢如唐僧念经般喋喋不休的描述呢，还是喜欢有精彩开篇且简明扼要的产品描述呢？其实产品描述最主要的目的，就是要详细地向顾客说明购买了网店的产品将会得到哪些好处。网店经营者可以完全站在顾客的角度去思考，然后找到说服对方的方法。

醒目且具有冲击力的开头通常是吸引眼球最有利的工具。因此，撰写一个较为精彩的开头通常可以快速激发顾客对产品的兴趣，产生一种不得不继续看下去的感觉。

当然，无论网店经营者将如何撰写手中的产品或服务，都必须先了解网店潜在客户的“内心对话”。了解他们在想什么，尽可能地用他们感兴趣的东西或者一些新奇的东西去吸引他们的眼球，接下来再给出建议，将网店的产品和他们的兴趣紧密地联系在一起。

假设经营者在网上销售毛绒玩具，这就意味网店的潜在客户是小孩的父母。那么，网店经营者可以以这样的开头来吸引他们的目光：“每一个孩子的童年都离不开一个可以相拥入睡的毛绒娃娃，它们温暖了孩子的梦……”

再假设经营者在网上销售一种供成人爱好者收藏的玩具小车。那么在产品描述中，网店经营者可以这样开头：“你还在玩卡片吗？你还在玩玩偶吗？如果这样的话，你就 out 了。今年最流行的是当属这种制作精美、经典复古的玩具小车……”

通常情况下，精彩的开头会让网店的产品描述瞬间提升高度，一开始就变得感性，让浏览的顾客能够切身体会，从而对产品逐渐产生兴趣。所以，切勿在产品描述的开头仓促地介绍网店所销售的产品的各种冰冷的数据，这会给顾客一种被迫接受的感觉。

此外，在页面中编辑产品描述开头的时候，除了要注重文字内容的冲击力以外，经营者还需要通过文字本身的背景、字体、颜色、粗细等方面的独特性，来吸引消费者眼球。

二、适量上图

从网店的经营特点来说，产品描述的功能是尽可能地让顾客得到更多的信息。因此，作为网店经营者，要注意图片的质量和数量。简单地放上几张图片、打上尺寸通常都属于一种敷衍的态度，效果自然不会好。

图片并不是越多越好，因为每个人的网速和浏览器设置都不一样，图片过多有时候可能会影响网页打开的速度。面对蜗牛般的网速，顾客一般都不会花过多的时间在等待图片的缓冲上。所以，适量上图对于产品描述来说是一个关键点，也算是第二大步骤。

三、如实描述

这一点可谓是重中之重。如实描述网店的产品通常会对顾客下单起到决定性作用。绝大部分消费者之所以选择网上购物，主要就是因为价格便宜、购买方便、样式繁多。而他们最担心的则是产品的质量问题，因为他们无法在购买产品之前接触到实物，只能通过网店的描述对产品有一个大概的了解，然后再结合网店经营者的图片决定是否下单购买。

那么，对于占据如此重要地位的产品描述，网店经营者一定要详尽描述。产品的材质、尺寸、样式等一定要进行准确描述，并且要放在比较突出的位置。还有产品使用和日常维护的注意事项、发货快递及发货时间、产品库存情况等等，都需要进行相应的描述。总之，网店经营者需要站在消费者的角度来撰写产品描述。

当然，网店经营者需要注意的是，在吸引力和可信度之间做一个平衡。不要把产品的价值塑造得太高，以至于到了不可信的地步。这就需要网店经营者对产品的优缺点进行详细描述，尤其是产品的缺点，可以格外强调，或者用特殊字号或者颜色标明，不要害怕说出产品缺点会吓跑顾客。因为顾客也会将心比心地想，一个连缺点都会告诉自己的网店经营者通常会比较负责任。所以说，这也是建立信任的一种手段，只要让客户卸下心防，网店经营者就成功了一半。再者，顾客有知情权，告知情况也是网店经营者应尽的义务。

四、统一格式

在产品描述的格式方面，网店经营者也需要注意。排版方面一定要美观、统一，因为顾客更愿意看那些比较规整的描述。网店经营者也可以设计一些独特的风格，但不能过于标新立异。

五、增加促销条款

在做促销活动的时候，不少网店经营者会选择在首页标明促销的具体情况。然而，实践证明，很多顾客通常都不会在首页逗留太久，他们往往是在一个产品和另一个产品之间跳转网页。所以，如果有促销活动，一定要在产品详情页面说明。或者专门在店铺上建立一个“促销说明”的页面，在产品详情里加上这个“促销说明”的链接就可以了。

最后，网店经营者还可以给顾客一个推动力，让其尽快下单，采取购买行动。看完产品描述后，或许顾客已经产生了比较浓厚的兴趣，有购买意愿，这时他们还需要一种推动力。不要让网店的潜在顾客有任何说“考虑考虑”的机会。网店经营者可以设置一些免费的赠品，并且要表明这种送赠品的活动随时都可能结束，先买先得，提醒对方尽快采取行动。在产品描述中还可以标明周到合理的退换货服务，解除顾客最后的一个后顾之忧，让他们心甘情愿地掏钱购买产品。

总之，产品描述就像是在与顾客进行无声的交流，网店经营者要尽可能地完善它，让顾客看到网店的真诚以及产品的质量保障。站在顾客的角度，用心撰写产品描述，后续操作也就会随着经营者的前期铺垫变得水到渠成了。

网店盈利箴言

网店与实体店的重要区别之一便是商品是以虚拟的图片和文字存在的，顾客在没有购买前是看不到实物的。因此，想要顾客对自己的小店感兴趣，经营者务必在产品描述这一块下足工夫。

如何让网店的产品标题更吸引人

有网购经验的消费者通常都有这样的共性，在浏览一种商品的时候，第一眼会去看产品标题，如果标题够吸引人才会点击继续浏览，如果标题毫无新意或者说跟自己的需求没有任何关联则立刻关闭网页。消费者的这种习惯决定了产品标题的重要性。所以，网店经营者要完善产品标题，使之看上去更有亮点，更具吸引力。

一、一个完整的产品标题

一个完整的产品标题应该包括三大部分。

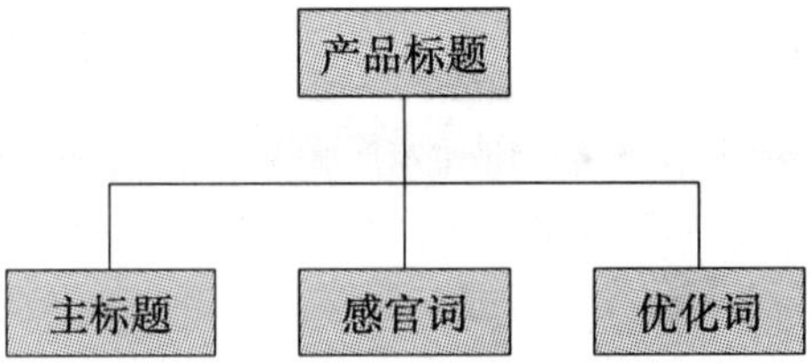

1. 主标题

这部分往往需要比较精炼的文字，让客户一眼看上去就能够知道网店经营者在销售什么东西，这一点也是至关重要的。因为如果网店的主标题跟产品没有丝毫关联的话，顾客很有可能就会直接跳过，转接下一个网页。

2. 感官词

在很大程度上，感官词可以提升对方打开网店的产品链接的兴趣。

3. 优化词

顾客在搜索自己所需要的产品时所输入的关键词就是所谓的优化词。网店经营者可以使用与本产品相关的词来增加产品被搜索到的概率。

这里列举一个产品标题的例子来进行详细说明。

例如“【顶尖三钻店】浪琴名匠五针全自动机械表，手表/男表/世界名表”这个标题。其中“浪琴名匠五针全自动机械表”这一段就叫做主标题。“顶尖三钻店”叫感官词，这个词会给顾客一种信赖感。“手表”、“男表”、“世界名表”这 3 个词就是优化词，它们能够让网店的潜在顾客更容易找到网店所销售的产品。

在产品标题中，感官词和优化词是增加搜索量和点击量的重要组成部分，但也并非必须出现。只有主标题是必须出现的，因为需要详细地描述出网店销售的产品。

当然，产品标题也并非什么样的文字都能用，它必须要严格遵守淘宝的规则，不然很容易就会遭到处罚。比如，产品标题必须要和产品本身一致，不能干扰搜索。此外，商品标题中出现的所有文字描述都必须属实，不得在商品标题中使用“最大”、“最全”、“最低价”等字样。此外，在商品标题中也要避免“非二手”、“非港行”、“非组装”、“非翻新”、“非 14 天机”、“绝非”等关键词，它们都带有扰乱性质。

另外，产品标题的字数也是有限制的。通常要在 60 个字符（30 个汉字）之内，否则就无法发布。在成千上万的搜索结果中，或许有的网店所销售的产品质量最好，价格最合理，产品描述也最精彩，但是最终输在产品标题上。标题不吸引人，没有人点击，那么其他的一切就失去了意义了。

二、如何让标题更加吸引人

1. 简扼明要地表达出产品最核心的卖点

在进行产品标题设置的时候网店经营者可以列出4个或者5个卖点，然后选择其中最重要的3个卖点，想方设法地将其融入网店的产品标题中。

通常情况下，消费者都比较重视网店销售的产品的特点、优势、价值或利益，所以经营者要尽可能地将这些体现在产品的标题中。

2. 保证网店的产品标题不会让人产生误解

这一点其实就要求网店的产品标题要准确而且简单明了，让买家能够在一扫而过的时间内轻松读懂，透彻地了解网店到底在介绍什么样的产品。通常而言，那些相对比较完整且全面的标题能够让消费者更加清晰地解读，并且能够使网店的产品更容易被搜索到。

一般来说，消费者对于搜索出来的列表只会一扫而过。适当加一些粗重的符号，往往可以抓住消费者的注意力。同时，标题过长的话，使用符号可以起到一种分隔的作用，也会使句子看起来不那么臃肿，理解起来也不那么费力，从而增加了可读性。但是，这些符号通常是不可以乱用的，因为用太多会给人一种眼花缭乱的感觉，甚至最后根本无法继续读下去。

3. 注重感官词的使用技巧

吸引消费者眼球的感官词的使用也是有一定技巧的。如果经营者的店铺信誉较高，属于皇冠店铺，那么就可以使用类似“三钻信誉”、“百分百好评”等词为自己的产品加分。就算是从零开始，什么都没有，经营者也可以使用“特价”、“促销”、“超值”、“新品上市”等词汇。此外，还有一些具有煽动性的“感官词”，例如“疯抢”、“某明星推荐”、“月销上千”、“限量”、“热销”等等。善用这些能够调动人们情绪的词语，对店铺的生意可谓是相当有帮助的。

还有一点需要网店经营者注意，不要把店铺名或者是关于店铺的描述放上去，除非经营者的店铺名和品牌名一样。只介绍产品，别介绍店铺，别用其他内容占用了宝贵的标题字数限额。

总之，如果想要使产品标题更具吸引力，就一定要先了解产品标题的各方面特征以及让其“发光”的特点，这样才能使它更吸引人。

> **网店盈利箴言**
>
> 在眼球时代，标题抓不住顾客眼球的产品是没有市场的。

撰写产品描述的营销技巧和原则

产品描述，顾名思义，就是指一些用来说明产品外形、用途的文字或图片。通过产品描述，顾客可以更加直观地了解网店销售的产品。所以，如果撰写一份“高营养”的产品描述，让顾客能够享受一场视觉大餐，那经营者就不必担心店铺的客流量了。不过，如何撰写这所谓的“高营养”的产品描述就成了关键。其实最便捷的方法就是要模仿前人成功的产品描述，分析他们在撰写产品描述的时候都有哪些营销技巧和原则。

不管是哪一种行业，都存在做得最好的楷模，而如果网店经营者懂得不断地学习他们的经验和方法，那么就会少走很多弯路。

其实撰写产品描述就像是在给每一位进店的顾客写信。在信中，经营者要用得体且富有吸引力的文字将自己的营销思路以及营销主张清楚地表述出来。这是经营网店至关重要的一个环节。

首先，在撰写产品描述的时候，网店经营者需要了解顾客的想法。只有当经营者能够真正做到站在顾客的角度去思考问题，充分考虑顾客的需求与疑惑的时候，产品描述才能写得好。

其次，在撰写产品描述的时候，不要过于文绉绉，风格可以像聊天一样轻松活泼。网店经营者需要用最基本的词汇去说明问题，千万不要用难懂绕口的词汇去考验顾客的理解能力。顾客没有过多的时间和精力去猜测网店经营者想要表述的东西。所以，顾客极不需要产品说明书，也不需要网店经营者炫耀文采的东西，他们只需要一些既实用又能勾起自己购买欲望的文字。

网店经营者要做的就是让顾客切实地感受到一个真实的聊天场面，并且不是和一群顾客聊天，而是只和一个顾客聊天。所以，网店经营者要多使用“你”而不是“你们”。

网店经营者还需要从顾客的角度出发，尽量多说“你怎么”少用“我怎样”。如果网店经营者过多地使用“我怎样”，就会让对方感觉网店经营者是在自言自语，甚至会认为网店经营者太过于自我。一旦顾客缺乏一种被尊重、被重视的优越感，那买卖就很难做成了。

以下是一些产品描述的营销技巧和原则：

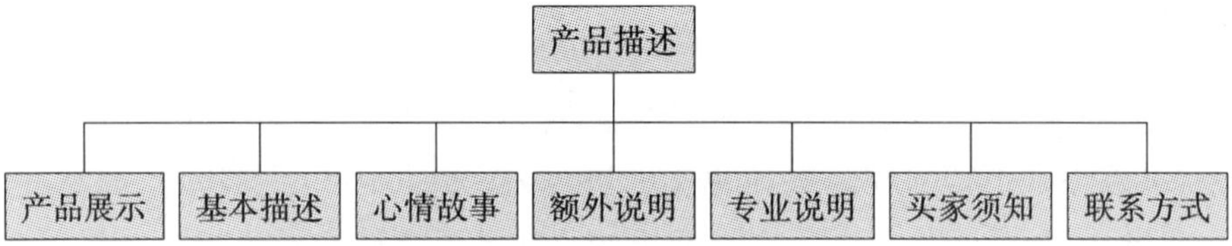

一、将产品展示放在描述的开头

什么才最具冲击力？一段精炼的文字还是一张精美的图片？试想，如果要向众人称赞一个女人的美貌，是来一段优美的文字描写还是直接放上她让人心动的照片？想必很多人会选择后者，因为图像给人的冲击力总是最直接、最明显的。当然，也有人会说，人的审美眼光不一样，或者一看到照片就会立刻否定她的美貌，而如果放上文字，还可以给对方留一些想象空间。

将这个问题延伸到产品描述上来，道理其实是一样的。文字确实可以给顾客一些想象的空间，但是，正所谓眼见为实，网店经营者写得再好，其实都不如让顾客自己去感受产品的好坏。纵使第一眼看上去，顾客不喜欢，甚至直接否定，那也是一种态度、一种决断。而网店经营者要做的就是尽可能地让网店产品的照片真实化，在吸引顾客的同时也展示一种真诚，不欺骗，不虚伪，这样才能使顾客对网店产生信任，然后继续了解网店的产品。不过话说回来，虽然精美的图片能够瞬间吸引顾客的目光，但是网店经营者也要有限度、有选择地使用图片，太多或者太少、太差都不行。

二、放上产品的基本描述

如果说精美的图片能够起到抛砖引玉的作用，那么基本描述就要显得更真实、更详细。在产品的基本描述中，网店经营者要依据产品真实情况进行描述。例如在服装产品的描述中，一般应该包括“品牌名称”、“货号”、“材质”、“产地”、“尺寸”、“成分”等。网店经营者通常还会将模特的身材单独列出来，这样就更能够凸显真实和专业。对服装的面料也要进行专业描述，还可以搭配一些个人心得，这样就更体现出卖家不容置疑的专家地位。

三、通过写心情故事

网店经营者可以设置一个独立的板块，用来放一些心情故事，这样往往可以增加客户的吸引力和好奇心，并且可以塑造出更多的产品价值，也能够让顾客看到经营者的用心和细心。

图片可以很好地抓住顾客的注意力，因此网店经营者就可以使用周围的文字来刺激潜在顾客的兴趣，而它们出现的时机也比较重要。图片的影响力要大于文字的影响力，但是真正带有视觉冲击力的文字通常能够给顾客更多的想象空间，这就要考验网店经营者的文字功底了。

四、产品的额外说明会让顾客感觉到温馨

较为贴心的额外说明通常可以让顾客感受到网店经营者是在为他们着

想，从而增强他们的信赖感。同时网店经营者还可以对产品的特点进行强调，达到再次塑造产品价值的效果。

五、专业知识的讲解

很多时候顾客会因为一些问题而感到困惑，网店经营者要从众多顾客所反映的“疑难杂症”中提取“精髓”，然后针对这些“精髓”问题进行详细、专业的讲解。这样不仅能够达到解惑的目的，同时还能够提升网店经营者在顾客心中的专家地位。

六、买家须知

这一点也比较重要，不少退货事宜都是因为网店经营者没有将一些顾客需要了解的事项交代清楚，抑或是顾客没有认真阅读店里的各项说明。为了尽可能地避免退货事件的发生，网店经营者需要用一些比较特殊的字体去描述买家须知，还可以用不同的颜色和标号去进行区分。比如交易方式和说明、物流说明、免责声明等都需要经营者着重标记出来。

七、联系方式

最后，网店经营者应该留下自己的阿里旺旺账号，并且要确保准确无误，这样是为了方便顾客能直接和自己取得联系。在这个部分，网店经营者还可以更加详细地列出自己的 QQ 号码、电话、邮箱等联系方式，让客户有更多选择自己喜欢的沟通方式的余地。

此外，网店经营者还需要用标题来链接每一个重要部分和环节，让客户能够更好地阅读网店的产品描述。

事实上，每撰写一个成功的产品描述就是一次营销，就要创造出一种让顾客一看到立即觉得该产品是自己想要的那一款的感觉。因此，网店经营者所撰写的产品如果能够唤起顾客的情绪和感情，让对方感同身受，那无疑就是成功的。其实很多时候人们也并不是非买不可，这个时候网店经营者要做的就是要给他们一个购买网店产品的理由，而这个理由就藏在产品描述中。

> **网店盈利箴言**
>
> 网店的产品描述就相当于实体店的导购推销，其重要性不言而喻。

什么样的图片才是合格的淘宝图片

精致合格的淘宝图片，通常可以让顾客真实地感受到网店经营者所销售的产品特点。一般而言，淘宝图片可以分为两种：

一种是产品标题图片，也就是指消费者在搜索结果及广告等各个地方看到的网店产品缩略图。通过这个图片，他们能够了解网店经营者销售的产品的轮廓，知道它大致是个什么样子。

另一种是产品描述图片，这部分的图片能对标题图片起到补充的作用，图片可以更大，并且可以不用过于规范。

有些产品对图片的要求相对会比较高一些，例如服装、饰品、手表等等。网店经营者可以多去参考一些拍摄技巧方面的书籍，多了解一些专业知识，这对规范产品图片相当有帮助。那么，究竟什么样的图片才能算是合格的淘宝图片呢？以下是淘宝图片合格的几点要求：

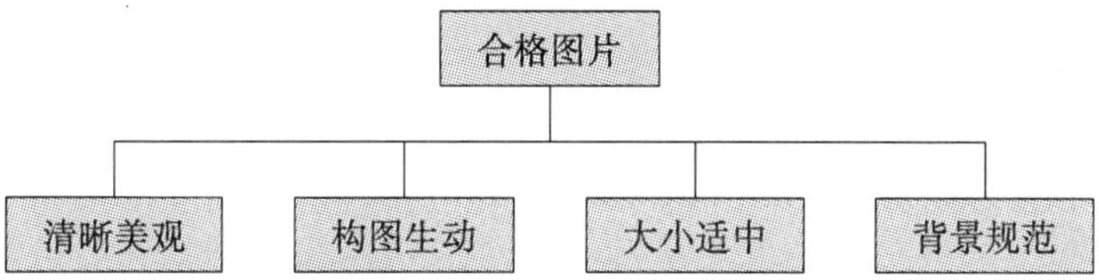

一、清晰美观

淘宝图片要尽可能地清晰、醒目，而且美观。不要产生拉伸和扭曲的现象。产品标题图片通常为 500 × 500 像素，在页面中使用这种规格的图片往往可以显示出最好的效果，并且也不会占用太多的网络资源。

二、构图生动

在拍摄图片的时候，网店经营者应当尽量避免正面直拍。因为这样拍出来的效果会比较平面化，没有太大的吸引力。网店经营者可以试着利用一些斜面和角度之间的关系来使整个画面看上去更有立体感，更加生动。

三、大小适中

图片最好居中，大小要合适。不能为了突出细节而造成主体太大。这种视觉冲击力会让客户分不清主次，看了很不舒服，并且不能全面直观地了解网店的产品。

四、背景规范

图片背景不能太随意也不能太乱。比如说最好不要乱摆一些花花草草在旁边，或是使用搭配物品太过于杂乱的背景，它们甚至会比主题产品还抢眼，那样就和主题产品显得不搭配了。随意拍摄就是指有的网店经营者会直接将产品放在地上进行拍摄，这样做首先是显得不专业，其次就是画面感太差，就算产品拍得再好，顾客一看到图片中的地板砖可能也会瞬间就失去了购买欲望。

如果网店经营者能够注意以上几点要求，遵循规则，然后灵活运用拍摄技巧以及一定的图片处理技术，那就完全可以拍出赏心悦目、与众不同的淘宝图片来。合格甚至精美的淘宝图片往往就像是一块敲门砖，它会给网店带来令人惊喜的客流量，让经营者的店铺生意兴旺。

网店盈利箴言

图片是为了能够让顾客最直观地看到网店销售的产品，但它就像一面镜子，反射出产品的不足，所以网店经营者在保持照片真实度的基础上还应尽量美化它。

解读“知己知彼，百战不殆”

想要突出网店销售的产品的特色吗？在这个同质化时代，竞争可谓是越来越激烈，很多人都发现，单方面地完善自己的产品已经远远不能达到令自己满意的效果。《孙子·谋攻篇》中说过：“知己知彼，百战不殆；不知彼而知己，一胜一负；不知彼，不知己，每战必殆。”很多人都明白它的含义，即是说在军事纷争中，既了解敌人，又了解自己，百战都不会失败；而不了解敌人只了解自己，胜败的可能性则各半；既不了解敌人，又不了解自己，那只有每战必败的份了。

其实，网店经营就如同打仗，虽然没有战场硝烟，但其背后所隐藏的竞争激烈程度丝毫不亚于真正的战争。所以，在销售竞争中，只有做到既了解对手，又了解自己，才能在竞争中取胜；不了解对手只了解自己，取胜几率为 50%；既不了解对手又不了解自己，几乎没有取胜的可能性。那么，如何才能做到知己知彼呢？

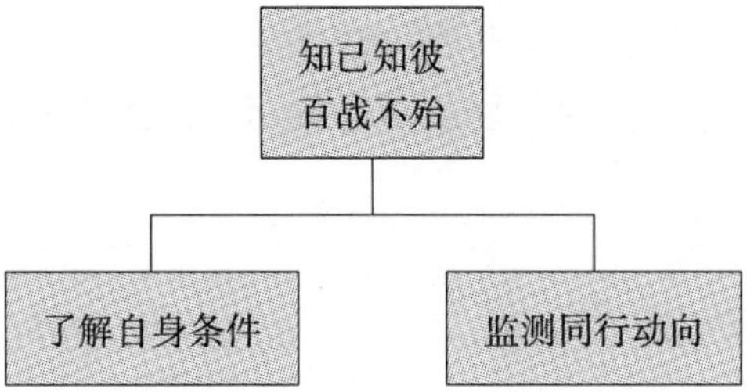

一、知己：了解自身条件

了解自身条件很重要，因为只有真正做到知己，才不会随波逐流、盲目竞争。如果网店经营者认为自己是正确的，那么就坚持自己所选择的方向。在经营网店的时候，所谓自知之明就是指全方位了解自己的喜好、能掌握的货源、希望达到的经营目标以及所采取的经营方式。当网店经营者真正能够透彻地看到自身的优缺点，就能够在竞争大潮中占据主动地位，就算暗流汹涌，也有一定会获得胜算。

二、知彼：监测同行动向

想要做到知彼，对很多人来说是具有一定难度的。真正了解竞争对手可谓是成功的一大前提。在力求知彼的过程中，掌握正确方法的秘诀就是要多看、多总结。

1. 标杆网店经营者的竞争对象

可以选择一些交易量相对较大、店铺商品类型或者客户定位与自己的店铺较为接近的同行店铺进行监控。无论是作为竞争对手还是学习对象，这些对网店经营者来说都是非常有必要的。

搜索店铺的步骤如下：

（1）登录淘宝网，在搜索类型下拉列表框中选择搜索店铺。

（2）在“搜索”文本框中输入店铺类型。

（3）单击“搜索”按钮进行搜索。

（4）单击店名，进入店铺。

（5）浏览店铺并可将其添加到自己的IE收藏夹中备用。

2. 观察竞争对手店铺的内容，以确定监测内容

查看同行店铺的公告栏、推荐产品等信息，通过这些网店经营者可以了解到对方现阶段主要推广的产品以及营销策略。

查看同行店铺的卖家信用，这样可以看到对方真正的热销商品以及消费者对其商品和服务的反映情况。

查看同行店铺的最新留言，通过留言经营者可以了解对方是否有缺货状况，可以尝试联系留言的买家，看能否将其变为自己的客户。

3. 分类收藏、查看对手资料

网店经营者最好收藏竞争对手的店铺以作备用。收藏店铺的操作步骤如下：

（1）单击店标、店名或会员名，打开需要收藏的店铺。

（2）单击“收藏本店铺”链接，进入“店铺收藏”页面，显示“恭喜您，您已经成功收藏了该店铺”的字样。

（3）可以通过“分类”下拉列表选择分类。如果还没有分类，就单击“未分类”按钮，完成收藏店铺的操作。如果收藏店铺较多，应对其分类，分类名称要符合自己的用语习惯，这样可便于查找和管理。

在需要调出资料的时候，网店经营者可以查看自己已经收藏的店铺，方法如下：

（1）进入“我的淘宝”页面，单击“我的收藏”链接。

（2）单击“我收藏的店铺”链接，如有分类，则单击“分类管理”链接。

（3）在“分类名称”栏中查找。单击店标、店名或会员名即可打开需要收藏的店铺。

（4）移动店铺。选中店铺名称前的复选框，在下拉列表中选择某分类名称，单击即可。

4. 在与竞争对手博弈时需要注意的事项

（1）关注竞争对手店铺的名称、地点以及其所售产品种类。

（2）竞争对手店铺的规模，采用何种经营方式，是厂家直销还是个体经营，是否有实体店，等等。

（3）竞争对手店铺的经营状况。店铺的人气是否高涨，信誉是否良好。还要关注其评价的数量、内容及比率，下架、热卖和脱销产品，还有竞争对手与哪些顾客关系相对较好，如果失去这些顾客，对竞争对手的销售额会产生哪些影响等。

（4）关注竞争对手的产品定价是高于还是低于市场均价，在销售上又有何种反应。

（5）分析竞争对手店铺的客服以及销售团队，试着以买家的姿态和他们进行交流，分析服务的质量以及他们对刁钻问题的解决方式，学习其良好的服务态度和沟通技巧。

（6）试着了解竞争对手的店铺经营目标，看其是否有扩张的打算，或者有没有转变经营产品的迹象。

（7）关注竞争对手店铺的发货记录，观察客户反馈及其使用的运输方式，在发货时是否有赠送小礼品的情况，等等。

（8）最后结合自己以及竞争对手的实际情况进行分析，总结出自己要如何自我完善才能击败竞争对手，并做出详细的规划，然后逐一实行。

总而言之，商场如战争，网店经营者只有“知己知彼，才能百战百胜”。

网店盈利箴言

商场竞争虽然残酷，但必须是良性的，网店经营者要时刻探知对手的状况，但一切还是以提升自我为重点，所有的竞争手段都要保证其合法性。

盈利关键4

论坛管理：

发帖就是在挖金矿，学会“挖”出潜在客户

如何省时省力地撰写精华帖

如果网店经营者觉得写精华帖既费脑力又耗体力，而且还难以摸清门道的话，那么不妨运用模版试试看，也许就能轻轻松松写出让人称赞的精华帖。

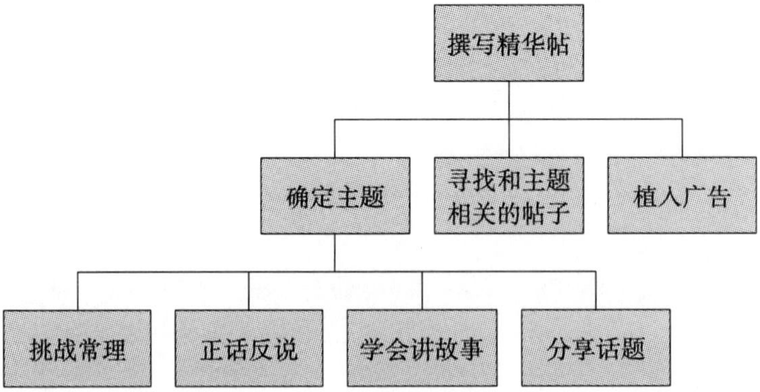

一、确定主题

写帖子之前，首先要确立一个引人关注的主题。

下面介绍几种可以让网店经营者轻松撰写诱人主题的方法。

1. 挑战常理

关于挑战常理，并不是做“把正的说成反的，黑的说成白的”这种有悖常理的事情，而是稍稍表达一些和别人不同的意见，制造一些争议型的热门主题。

这种主题通常要结合社会热点来做，如在 2012 年，最热的莫过于莫言获得诺贝尔奖的事情。网店经营者在阐释关于类似话题的看法的时候，最好不要尽善尽美，适当留下一些可以被大家攻击一下的漏洞，以勾起人们对这个看法的辩论或者反驳的欲望，这样大家就会积极地回帖。

2. 正话反说

网店经营者在撰写帖子的时候，不仅仅要勇于挑战常理，还要掌握正话反说的技巧，勇于打破常规。

譬如在很多女性的观念中，高跟鞋可以让女人显得有气质，而网店经营者如果能够反其道而行，定出“不需要高达 10 厘米的高跟鞋，你一样能成为气质出众的完美女人”的标题，那么肯定可以吸引很多读者。

3. 学会讲故事

除了上面的两点，网店经营者要想撰写出吸引人眼球的帖子，还可以通过讲故事和讲案例来制造话题。这种类型的帖子也非常容易被人们广泛引用，从而增强帖子的传播率。

不是每个人都有说不完的故事，也不是每个人的故事都愿意拿出来和大家一起分享。如果网店经营者没有故事可讲或者是不愿意和大家分享自己的故事，那也不用苦恼，讲故事并非一定要讲自己的故事，也可以讲别人的故事，或者把别人的故事套用到自己身上。这没有什么不道德的，事实上很多人需要的是一种感觉或者感动，至于这个事情的真实性，别人也不会真的去追究，谁都知道郭敬明的《幻城》是虚构的小说，但是他的书照样畅销。

网店经营者在“讲故事”时还需要掌握两点：

（1）所讲故事一定要与众不同，千万不能流于俗套。

（2）所讲故事要有启发性，让人有所感悟，在感情上要让读者能有所触动。

4. 分享话题

网店经营者还可以在帖子上分享一些话题，例如可以说一说自己个人的成功经验：先说说自己是经过什么样的努力在短时间内有一笔可观收入，再谈谈自己的心得，这样的帖子通常也能成功地将他人的眼光吸引过来，使帖子广泛被人关注，从而达到将普通话题转为精华帖的目的。

二、寻找和主题相关的帖子

主题确定好之后，网店经营者就可以根据这个主题寻找相关的材料。操作起来非常容易，我们就以之前介绍的打破常规的主题——“不需要高达10厘米的高跟鞋，你一样能成为气质出众的完美女人”来做示范。

首先在百度输入关键字“不穿高跟鞋”、“气质出众”、“完美女人”，搜索结果中可出现很多相关网页。点开之后有一部分是广告页面，这种页面基本上没有什么文字可以利用；但是如果是专门介绍“不穿高跟鞋”也能成为“完美女人”的方法，那就可以使用了。网店经营者要多找几篇专业的文章，把所有的内容都复制到记事本里，统一进行修改。然后把几篇文章结合起来，进行组稿和修改工作，辞藻可以不华丽，但是要活泼，吸引人，最后再配上精美的图片，这个图片最好是店里产品的图片。完成这一系列工作以后，这个帖子就是一个很诱人的帖子了。

三、植入广告

如果网店经营者把帖子写得非常好，浏览的人也很多，但是店铺的浏览量却很少，那就说明帖子还是没有起到作用。虽说淘宝社区不允许发广告帖，但网店经营者还是要想办法对帖子进行一些植入式的软广告的操作，以求增加店铺浏览量。

所谓植入式广告，就是在帖子里以非常隐蔽的方式，暗示、吸引你的潜在客户点开你的店铺，但是他们却不会觉得那是一个广告。大家平时看见的一些写自己的淘宝故事的帖子都属于植入式广告，他们会很有技巧性地在故事中透露自己店铺的一些经营情况。譬如一些帖子的名字叫做“90后美女的网络情愫和淘宝故事”、“我终于把心仪已久的车买回来了，这都要感谢淘宝”等等。网店经营者把这些帖子写得真实感人，让人看见题目就想打开看看。

由于网店经营者很自然地在帖子中加入了自己的店铺介绍，所以，就算故事缺乏真实性，但最终的目的还是达到了。

还有一种方法就是在帖子中直接放入网店经营者的照片、店铺的商品的销量截图、商品评价截图以及经验分享。网店经营者穿着自己店里的衣服的照片，天衣无缝地结合着店铺经营经验分享。虽然这一类型的帖子大部分都是广告，但是人们或者看不出来，或者能够理解并且接受这种广告形式，而且他们确实会从帖里学到很多经验。

可是这种帖子有一个缺点，就是对其感兴趣的一般都是从事相同行业的网店经营者，他们对这类帖子比较敏感是因为想要学习一些经验，一般不会轻易地进入店铺，就算去了店铺购物的概率也不会太高。不过网店经营者不能因为这个原因就不做这件事了，毕竟大范围撒网终究是没有错的，看帖子的人多了，自然会有找上门的顾客。

网店盈利箴言

想把网店经营好，好的帖子不能少。要想让网店盈利，经营者必须要学会写精华帖。

如何回帖顶帖，让自己的帖子永远火爆

很多人发了帖子以后就不管不顾了，殊不知播下种子以后不耕耘的话，田地是要荒废的。帖子也一样，发了以后还需要网店经营者对其进行维护，不然帖子很容易就会石沉大海，所做的努力也就付之东流了。

有时网店经营者的帖子虽然采用了非常具有争议性的话题，同时掌握了正话反说的技巧，帖子本身也非常具有可读性，但就是没有人回帖，这不免让网店经营者感到苦恼。对于这种情况，网店经营者不能干着急，得想想办法。

很多人都爱凑热闹，就是哪里“热”往哪里凑，掌握了这一大众共性以后，网店经营者就可以对症下药，给自己的帖子适当地营造一点“热”的氛围。比如网店经营者可以用自己发帖的那个账号去回帖，为自己的帖子制造一点人气，但是这种情况不宜过多。此外，网店经营者还可以再注册一两个号来备用，专门用来回帖顶帖。

网店经营者可以拿这几个备用的账号来顶帖子，进行一些引导，再用发主题帖的那个账号去回复。在做这一系列事情的时候需要注意两点：

（1）在用备用号顶帖子的时候，所说的话不能“画上句号”，要留有余地给发主题的那个账号接话。譬如提一些问题，表扬一下主题帖子的看法或者进行一些故意的抨击都可以。

（2）时间上要注意频率。如果用相同的几个账号顶帖太过频繁，会显得不真实。但是如果顶帖间隔时间太长，又会显得帖子太冷清，要知道，那些上万点击量的帖子都是不断地被顶帖、不断地在首页显示才获得这么高点击量的。

像这样持续顶帖的时间不宜过长，基本上一个星期左右就可以了，因为论坛中对这个帖子感兴趣的人大部分都已经看过了，他们不会继续重复看这个帖子。所以这个时候网店经营者就应该重新发一个其他类型帖子了，这样的话，另一批人的眼睛就会被新的帖子吸引了过来，又一次刺激他们的消费神经。

如果网店经营者自己没有帖子，那也可以回复别人的帖子来获得关注。这种方式需要网店经营者反应机敏，眼疾手快，能抢到第一、第二的回帖位置，也就是俗称的“沙发”、“板凳”，回帖内容还要别出心裁，给人印象深刻，让人对其产生兴趣，忍不住想要进入店铺转转。如果没有抢到“沙发”、“板凳”也没有关系，网店经营者可以把回帖的文字内容放大，并且要用醒目的颜色来吸引眼球。

回帖顶帖并不困难，就是我们说的这些方法，只要网店经营者用心地回帖顶帖，论坛推广效果一定会成倍提高，网店一定开得红红火火。

网店盈利箴言

撰写精华帖是一项技术，而如何回帖顶帖是一门艺术，只有掌握了这一门艺术，网店的论坛推广才会有效果。

如何稳固潜在顾客

顾客是网店经营者的衣食父母，没有顾客，网店经营者就等于失去了衣食来源，所以想要网店的生意兴隆，网店经营者就一定要想办法留住顾客，并让他成为店铺的固定客源。

能否留住顾客，在很大程度上取决于网店经营者的营销能力，能不能让顾客成为店铺的固定客源，那就要看网店经营者的营销技巧了。

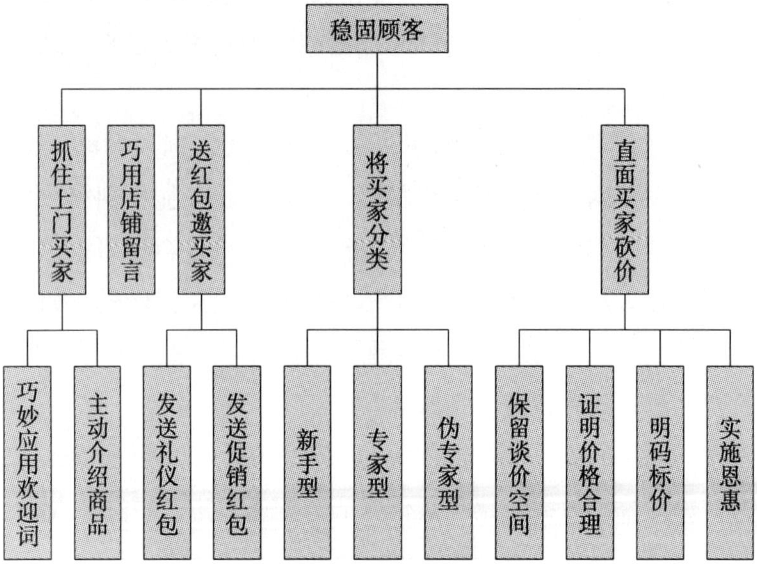

身为网店经营者，一定要用饱满的热情来迎接每一位上门的买家，也只有这样，才能积累客户、开拓市场、促成交易。

一、抓住上门买家

1. 巧妙应用欢迎词

欢迎词分为两种：

(1) 在店铺公告上和宝贝描述中的静态欢迎词。

(2) 买卖双方在交流时用的动态欢迎词。

买家在店铺中看到自己中意的商品时，通常都会用阿里旺旺向网店经营者询问宝贝的相关信息。当买家发来“您好”、“在吗”等打招呼性的语句时，卖家千万不能用“什么事”、“在呢”等语句应付，这样顾客会感觉到网店经营者的不耐烦。第一句话是给买家留下好印象的重要时机，所以第一句话的回答方式极其关键。

如果网店经营者碰到这样的情况，可以说“您好，欢迎光临××，现在是××为您服务。请问有什么可以帮助您”。这样热情的问候语不仅可以温暖买家的心，同时也是在为自己给买家的印象加分。

2. 主动介绍商品

网店经营者和买家的交流不是面对面，所以无法和在实体店一样直接观察顾客的面部表情来推断顾客喜欢哪一种商品，所以网店经营者就要主动向买家介绍商品。当然，当买家对商品提出一些疑问或还没决定选择哪个商品时，网店经营者可在了解买家的需求后主动介绍适合顾客的商品，当然，要做到这些，网店经营者首先就要对自己的商品有充分的了解。

二、巧用店铺留言

店铺留言不仅仅方便买卖双方互动、方便网店经营者发表商品优惠信息，还方便网店经营者提示买家购买时的注意事项。虽然店铺留言不全是对买家服务态度和产品质量的好评，也有客户对网店经营者的服务或者产品的质量的意见比较大，但是网店经营者还是要认真对待店铺留言，因为店铺留言越多，说明店铺的人气越高，这样产品才有可能卖得好。

当然，想要增加买家们的信任感并培养一批准客户，光靠客户留言是远远不够的，网店经营者良好的服务态度和周到的答复，也可以在无形中为店铺加分。

三、送红包邀买家

红包分为礼仪红包和促销红包。

1. 发送礼仪红包

礼仪红包是只能进行指定发送的红包，适用于所有支付宝交易。

网店经营者想要创建礼仪红包首先需要登录支付宝账户，单击“交易管理”下的“红包”链接，进入红包管理页面。然后单击“创建红包”链接，选择“创建礼仪红包”选项卡，单击“下一步”按钮。然后再输入红包的相关信息，接着输入接收红包用户的账户名，再单击“添加”按钮。然后再单击“下一步”按钮，进入红包发送页面。最后确认红包信息后输入支付宝的支付密码，单击“确定发行”按钮，发行红包即可。

2. 发送促销红包

促销红包有三种不同的发行方式，包括淘宝店铺红包、淘宝商品红包及支付宝商家红包，这三种促销红包的发送方式要比礼仪红包简单得多，只需复制红包代码就能通过多种途径发送。

四、将买家分类

和在现实生活中的顾客一样，网上购物的人也是形形色色的，我们可以将客户分为新手型、专家型及伪专家型。网店经营者对于不同类型的顾客要用不同的沟通技巧。

1. 新手型

这种类型的顾客一般对商品缺乏全面的了解，可能是看了商品的宣传广告而来，也可能是被朋友介绍过来的，这一类型的顾客疑问比较多，依赖性也较强，因为对产品没有全面的了解，所以可能提的问题比较偏、比较浅。

网店经营者在和这类顾客交流的时候，要全面掌握产品的相关信息，同时也要注意讲话的技巧，耐心地解答他们提出的所有问题，还要问清楚他们的真正需求，以防日后产生交易纠纷。对一些容易产生误会的问题也要事先说明，以免做了“一锤子买卖”。

2. 专家型

这种类型的顾客一般对商品会有全面到位的了解，他们对产品的性能、优缺点都十分清楚，他们的自主性很强，选择产品通常会考虑两种因素：一是产品价钱，二是售后服务。

网店经营者在和这类顾客交流的时候，要介绍重点，不能夸大其词，要有针对性地解答买家所提出的疑问，对于不确定的问题最好咨询清楚之后再答复买家，不懂装懂或者回答得含糊其辞只会让买家觉得网店经营者不够实在，这样的话，别说稳固和客户的关系，可能连这一笔买卖也不会做成功。

3. 伪专家型

这种类型的顾客是最难伺候的，他们对产品有过一定的接触，但却了解有限，一知半解，他们的主观性都很强，处处显示自己是内行，常常有意无意地“告诫”网店经营者不要妄图欺骗他。

这种类型的顾客极其不好沟通，网店经营者在和这种类型的顾客交流时要谨慎对待，既不能伤害他的面子，也不能太过顺从，要不卑不亢。太顺从他们，他们会觉得网店经营者的姿态太低，产品的质量不一定会很好。而如果伤害了他们的面子，生意也难以成交。

五、直面买家砍价

虽然淘宝网上很多商品都已经定了价格，且申明“不二价”，但是真正能以一口价成交的却不多，买卖双方总是会为了最终的成交价格而唇枪舌剑，争论不休。经营者如果既想赚得利润，又想稳住顾客，那就需要掌握应对顾客讨价还价的技巧。

1. 保留谈价空间

买家一般都不会相信网店经营者在一开始就出最低价，往往会和网店经营者进行一场异常艰难的价格“拉锯战”，因此，网店经营者不要在最开始就把商品的价格定得很低，要保留一定的谈价空间。

2. 证明价格合理

大部分买家都会觉得商品的定价高出自己的预想值，所以在这种状况下，网店经营者要从各个角度向买家证明商品的优势所在和价格的合理性，譬如商品的质量、功能以及售后服务等。

3. 明码标价

对于那种商品质量确实很好，性价比确实比较高的商品，网店经营者可以在“不亏本、不丢市场、不丢客户”的原则下实施明码标价政策。但在这种政策下，网店经营者要能灵活掌握并且理性应对买家的砍价，把握讨价还价的主动权。

4. 实施恩惠

有些买家看中一件商品，但是优柔寡断，迟迟不做决定，这时候网店经营者可以送他一个小礼品或者把价格稍微降一点，这些小恩惠不仅是顾客下决心购买的动力，也是稳固顾客的有效手段。

网店盈利箴言

想要经营的网店盈利，不能光做一锤子买卖，还要努力稳固住客户，这样网店经营者才能有稳定的客源，网店才能有一个稳定的销售渠道。

如何利用你的客户名单短时间内获得大量利润

网店经营者收集到了大量的客户名单以后，根据名单上的资讯，就可以随时对这些客户进行促销。他们可以为网店经营者在短时间内带来巨大的利润和丰厚的回报，而且这些利润和回报会源源不断地上升，呈持续增长状态。因为这些客户信息绝大部分都是终身有效的，例如身份证号码。

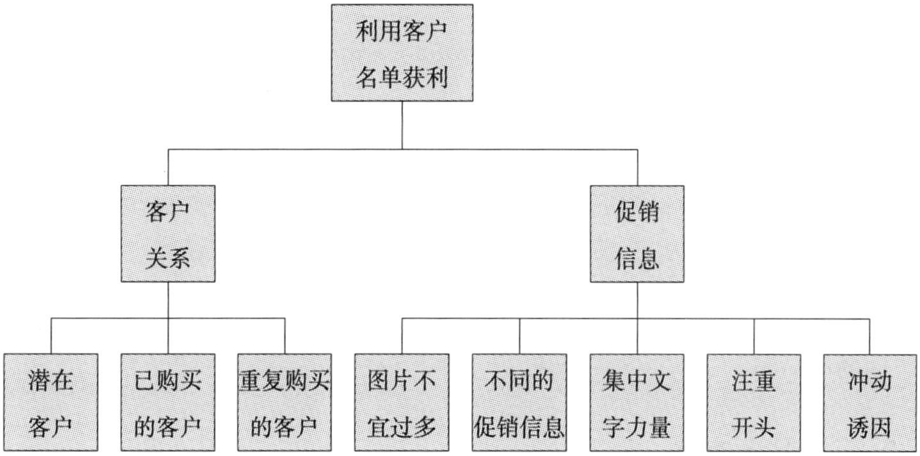

一、客户关系

网店经营者的促销信息也不能“一刀切”，还要针对不同的客户关系来区分。

1. 潜在客户

针对潜在顾客，网店经营者可以对其促销相对而言比较便宜的产品。也就是说，这个潜在客户刚开始和网店经营者沟通，只是对店里的产品有表面上的了解，这个时候网店经营者就应该向其推荐一些在网店里相对来说比较便宜的商品，用高的性价比优势来吸引潜在客户。潜在客户快速完成第一次消费后，之后才能渐渐地形成消费的习惯。

2. 已购买的客户

针对已经购买过的顾客，网店经营者可以对其促销相对而言比较贵的产品。也就是说，假如新顾客已经在网店里购买了一些商品，那么这个时候，就可以向其推荐一些在网店里相对来说比较高档的产品。因为这类客户已经形成了消费习惯，而且基于前面的交谈，客户已经对网店经营者产生了信任感，所以他们会更愿意向网店经营者购买更贵的商品。因此，在这种情况下，经营者可以向这类顾客促销相对来说比较高档的商品。

3. 重复购买的顾客

针对已经重复购买多次的顾客，网店经营者可以对其促销店内最贵的商品。能在店内重复购买多次的客户已经算是老顾客了，这类顾客对网店经营者已经有了充分的信任，并且已经认可了店内的商品和经营者的服务，所以这个时候对他们推荐最贵的产品，成功率是最高的。

通过以上的方法，网店经营者就可以针对不同的客户关系来组合促销店内的产品了。

二、促销信息

其实网店经营者促销产品也不用花太多的宣传费用，使用免费的工具就可以了。比如可以使用发送促销信息的方式来吸引顾客。因为只要是成交过的买家一定会在成交信息中留下他们的邮箱地址，网店经营者可以使用群发邮件的方式来发送促销信息。这样做的好处就是网店经营者有机会写更多的文字，并且配上图片，这样促销内容就更加丰富了。在这里有几个关于促销信息技巧问题，我们来详细说明一下：

1. 图片不宜过多

如果网店经营者是给客户发送促销信息，那要注意不能在邮件里面使用太多太花哨的图片，因为发送促销信息的目的是快速勾起客户的购买欲望。如果在促销信息上使用过多的图片，客户的注意力就容易分散，那么他的购买欲望就不容易产生。

2. 不同的促销信息

针对不同的客户关系，网店经营者还需要有不同的促销信息。

在发送促销信息的时候，不能写太多的文字，尤其在给潜在客户发送促销信息的时候，网店经营者必须使用更多具有诱惑性的文字吸引客户点击你的产品链接。在这里，网店经营者也可以利用客户的好奇心，比如“瞬间打造完美净白”这样的文字来吸引他们点击你的链接，然后在商品描述页面中再集中介绍促销的产品。

对于已经购买过该网店产品的客户，网店经营者可以直接说重点，不需要拐弯抹角，比如直接告诉对方有什么活动，可以打几折，产品是什么即可。因为这类客户已经跟网店合作过了，双方已经建立了初步的认识和信赖关系。

3. 集中文字力量

客户需要集中注意力，才能引发购买欲望，因此，网店经营者不要一次促销多件商品或者提出多个卖点，只要集中文字写清楚某一件商品的卖点就够了。

4. 注重开头

促销信息的第一句话非常重要，它直接决定了促销信息点击率的多少。因此，网店经营者要尽量让促销信息的第一句话就能吸引到顾客的眼球。

5. 冲动诱因

人们的冲动往往是有诱因的，像限时、限量、限价，或者增加赠品的价值力度等方式都是人冲动的诱因，网店经营者可以通过增加这种诱因来促使顾客产生购物的冲动。

促销信息的唯一目的就是引起买家的兴趣，并且让他们点击网页地址进入店铺，查看商品页面，一切动作都要为此服务。

总而言之，客户名单是经营网店的必需品，经营者只要确定名单上的客户对自己的产品有需求，然后培养这些客户对店铺的信赖，最后不断地向他们促销产品，总会积累大批的稳固客户。

网店盈利箴言

不要每天等着客户上门，利润需要网店经营者自己去挖掘和获得，而客户名单无疑是挖掘利润的最佳工具。

如何高效地在论坛发帖，推广你的主推产品

现在的网店经营者要想直接在淘宝内部的社区里推广自己的产品是比较难的，因为淘宝社区的规则对直接的网络推广有限制，这就给很多网店经营者造成了困扰。

其实很多人都没有“前方是绝路，希望在转角”的意识，在内部的社区无法推广，为什么不去外部论坛拓展推广空间呢？只要找到合适的论坛和合适的消费群体，推广效果不见得会比在淘宝内部社区差。

一、如何找到合适的外部论坛

（1）找到 4 个最大的淘宝购物论坛。

（2）找到 4 个最大的团购论坛。

（3）找到 4 个最大的产品论坛。

二、论坛上发帖的技巧

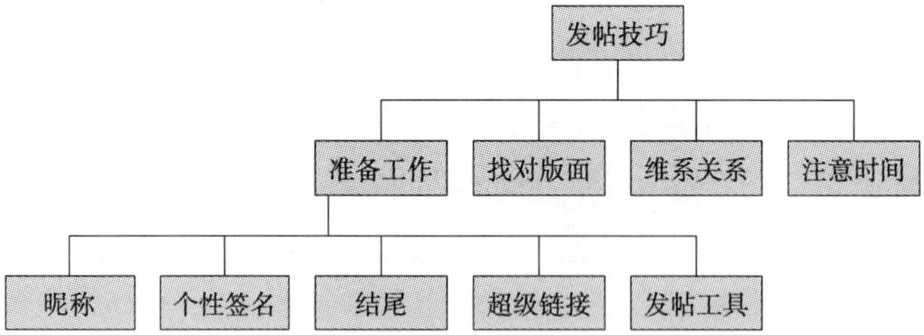

1. 准备工作

（1）昵称。

网店经营者要在论坛上注册一个昵称，这个昵称需要正规且易记，有时候也可以和店内销售的产品挂钩。

（2）个性签名。

网店经营者准备的个性签名要尽量精炼、简洁流畅。也可以加上淘宝站的地址，或者与淘宝关联的博客地址，但是切忌广告性太强。

（3）结尾。

文章最后一定要暗示、鼓励客户们去转载帖子，比如加上一些版权说明等。

（4）超级链接。

网店经营者可以在帖子中适当插入一两个超级链接，链接到淘宝网站。

（5）发帖工具。

网店经营者要选择合适的工具帮助自己省时省力地群发帖子，比如自动填表工具、BBS 帖子精灵等，有了类似这种专业的、简单的工具，网店经营者工作起来便可事半功倍。

2. 找对版面

网店经营者完成了这些工作之后就可以着手发帖了，而发帖首先得找对版面。如果选择的发帖版面不对，不仅不会被加精，而且也不会被客户关注。

3. 维系关系

做生意离不开人脉运作。网店经营者要注意和网站的站长、版主们维系好关系，这样才会使自己的帖子得到一个好的推荐或者升至精华。

除此之外，网店经营者还可以自己申请当管理员，加入一些特殊的群，这些群一般都掌握着一些特殊的权力，能够让你的帖子优先获得加精的机会。

4. 注意时间

网店经营者发帖还要注意时间段，要在最好的时间段发帖。一天中最好的发帖时间是在中午的十二点到下午的一点半，以及晚上六点半到十点。因为这两个时间段是人们的休息时间，上网的人会比较多，社区的流量也是最高的。所以网店经营者在这个时间段发帖，回帖率一般会比较高。同理，如果在节假日发帖，那回帖率会更高，效果会更好。

网店盈利箴言

网店经营者只要能掌握在论坛上高效发帖的技巧，就能在一定程度上推广自己的产品，为店铺拉来顾客。

普通帖百分之百升级精华帖的秘诀

所谓精华帖，就是在淘宝社区中相对而言质量比较好的、比较吸引人眼球的帖子。而版主为了让大家更方便地找到这种帖子，就会特意在帖子的标题上添加一种类似认证的标志。

前面提过撰写精华帖的技巧，可事实上并不是每一位网店经营者都具备撰写精华帖的能力。那么不具备撰写精华帖能力的网店经营者是否就要放弃走论坛推广这条路呢？当然不是，自己不会写的话，也可以把别人的普通帖子或者自己的普通帖子改成属于自己的精华帖，下面我们就来说说把普通帖升级为精华帖的秘诀。

一、选帖

在选择别人的帖子或者是直接用自己的帖子时，网店经营者要尽量选择那种图文并茂的帖子。这样的帖子才有加精的潜力，一旦放上网店经营者自己的照片，看上去就已经是一个不错的帖子了。当然，在这一点上，女性网店经营者会比较占优势。

二、标题

如果是拿别人的帖子来升级成精华帖，那么标题是必须要改的。而且得改得有技巧，比如换个句式或者理解意思之后换种说法，最好是改得比原帖更吸引人。

三、主题

帖子的主题要是人们感兴趣的话题，内容一定要健康、积极向上，最好能引起人们的共鸣。

四、字数

帖子的字数不宜过多，毕竟这是在快餐时代，一般人很少有耐心去看一篇很长的文章，所以一个帖子最理想的字数应该在 1 000 字以内。

五、频率

网店经营者发帖不要太过频繁，因为物以稀为贵，大多人总会有一种奇怪的心理，即一件东西再好，如果出现得太过频繁，也就对其失去了兴趣。

六、可读性

无聊的文章永远没人看，所以那些喜欢把帖子写得跟学术报告一样严谨却枯燥无味的经营者该注意了，一定要改掉这种毛病。论坛帖子的文风要轻快，让人阅读起来感觉轻松愉快。

七、感染力

帖子要融入一种情绪，只有融入了网店经营者情绪的文章才具有感染力。

八、分段

帖子要尽量多分一些段落，段落内的行数最好不要太多，如果段落太多，行数也多，那就会有长篇大论的感觉，会降低人们的阅读兴趣。

九、熟悉章程

为了确保辛辛苦苦地写的帖子不会被违规删帖，甚至受到处罚，网店经营者最好要弄清楚论坛内的“法律法规”，以免自己的心血付诸流水。

网店盈利箴言

经营者想要在论坛很好地推广自己的商品与店铺，就必须掌握把普通帖升级为精华帖的技巧。

盈利关键5

“淘宝客”推广：利用免费平台将产品推出“江湖”

如何进行“淘宝客”推广

互联网的日益普及使世界变得更小，人们得益于它广阔的笼罩范围与方便快捷的特性，开始坐在家里赚钱。比如开网店就是其中的赚钱方法之一。而因为网上开店的火爆，很多立足于为网店推广从而实现盈利的职业也随之出现了，他们被叫做“淘宝客”。

我们所说的“淘宝客”就是指通过帮助网店经营者推广商品来赚取佣金的人。“淘宝客”们无须投入成本，无须承担风险，只要获取商品的推广链接，让买家通过商品的推广链接进入淘宝店铺购买商品并确认付款，网店经营者就会支付“淘宝客”们一定的佣金，最高佣金可以达到商品成交额的一半，可谓回报优厚。

对于网店经营者来说，利用“淘宝客”来做推广是一种非常不错的推广手段，因为给“淘宝客”支付佣金报酬必须是在成交后，并且网店经营者只需要拿出额外获得利润的一小部分支付给“淘宝客”即可，所以这算是一种比较廉价与相对安全的推广模式。

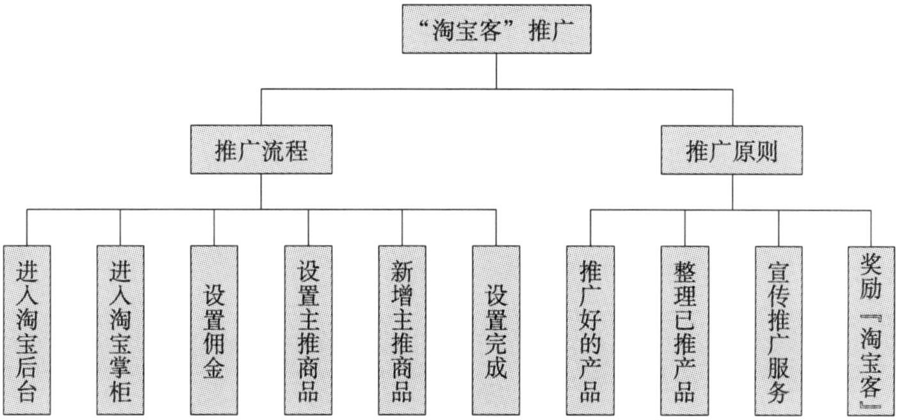

那么网店经营者该如何做“淘宝客”推广呢？

我么先来简单看一下“淘宝客”推广的流程。

“淘宝客”们一般会在聊天室、论坛、博客、个人网站或其他地方进行推广，但他们首先要从淘宝联盟获得网店经营者设置的推广商品的链接，然后才能做推广。如果买家通过点击这些广告链接进入商品网页并顺利完成交易，淘宝将会把店主之前承诺的佣金数额直接转给“淘宝客”，直至最终所有交易完成。

使用“淘宝客”推广可以使网店经营者店铺商品的广告无处不在，遍布整个互联网，大大拓宽了网店经营者的潜在客户人群，增加商品的出售机会，为网店经营者的店铺增加利润。

一、推广流程

1. 进入淘宝后台

首先登录进入淘宝后台，找到“营销中心”栏，单击栏中的“我要推广”，进入推广服务页面。然后单击“淘宝客”推广区域中的“马上进入”按钮。

2. 进入淘宝掌柜

进入“淘宝掌柜”推广类目佣金设置页面。为了方便将来“淘宝客”

可以通过类目搜索，更容易找到网店所推广的商品，店主需要在这里选择好产品所在的类目。

3. 设置佣金

单击最右侧“修改佣金比例”中的“修改”按钮来设置你所愿意付出的佣金比例，但是行有行规，网店经营者也不能太吝啬，“淘宝客”们的佣金比率一般限制在15%～50%。填好佣金比例后，单击底部的“保存”按钮即可，这就完成了类目佣金的设置了。

4. 设置主推商品

做完以上的事情后，网店经营者还需要单独设置店铺的主推商品，因为只有设置好这个部分，“淘宝客”才能看见网店经营者想要推广什么产品。但店铺的其他产品“淘宝客”们是看不到的，且主推商品最多只能有30件，所以网店经营者可以把店里热卖的商品都推上去，提高佣金比率。

5. 新增主推商品

单击“新建主推商品”按钮，进入“新增主推商品”这一页面，在“新增主推商品”页面选择好需要推广的商品之后，单击“下一步，设置佣金比率”按钮。

打开此页面之后，可在“佣金比率设置”页面中根据网店经营者的实际情况分别输入愿意为每个商品付出的佣金额度。如果有特别推广的商品，网店经营者可以适当把佣金设高一些。

完成后，单击底部的“下一步：设置完成”按钮。

6. 设置完成

设置完成以后，系将统自动进入管理主推商品的页面。在这里，店主可以看到所有已经设置好的推广商品，如果店主觉得产品选择或者佣金比率设置得不合适，还可以删除或者修改。

若网店经营者想要知道“淘宝客”推广后的成交情况，也可以单击“交易查询”按钮进入交易查询页面，设置好查询时间，这样网店经营者就可以随时查询到想要知道的情况了。

假如网店经营者觉得没有必要做“淘宝客”推广了，也可以直接退出此服务项，只要单击最右边的“退出淘宝客”按钮，进入退出“淘宝客”推广页面，再继续单击“确定”按钮，即可完成退出的操作。但是网店经营者一旦提交了退出申请，那在未来的 15 天内就不能再次参加“淘宝客”推广了。

二、推广原则

虽然“淘宝客”推广看起来就是上述所说的简简单单几个步骤就能完成事情，但是网店经营者要想更好地利用“淘宝客”这个工具来为店铺创造更高效益的话，就不是这么简单了。在推广过程中，网店经营者还要遵守以下几个推广法则。

1. 推广好的产品

因为主推商品最多只能有 30 件，可以说是机会难得，所以网店经营者最好不要推广那些你卖不出去的产品，因为如果商品的销量一直都不好，那么就算你设置再高的佣金也没有用，“淘宝客”们还是很难有兴趣做推广。就算“淘宝客”勉为其难做了推广，这件商品也很难卖出去，只是白白浪费了一次推广机会罢了。

但是如果推广那些热销品的话，不但可以吸引更多的“淘宝客”推广你的店铺，还可以积累销量。“马太效应”不仅仅适用于现实生活中，在互联网世界中也是强者越强、弱者越弱。如果产品的销量已经非常好，那么接下来的销售情况一定会更好。

2. 整理已推产品

在做“淘宝客”推广的时候，店主还需要经常整理已经推广的商品。每隔一段时间要更新已经不再出售的商品，并且还要根据推广效果和季节周期等因素对商品随时进行调整。

3. 宣传推广服务

“淘宝客”推广和网店经营者们的宣传活动是一个性质，现在懂得使用“淘宝客”推广这种宣传手段的网店经营者已经非常多，网店经营者要让自己的产品在如此众多的宣传中脱颖而出是一件非常重要的事。如果店主只是设置好推广的那几个产品后就撒手不管，虽然也可能多多少少会带来一些成交量，但是如果想要更好的销售业绩，这种做法是远远不够的，网店经营者还需要多宣传自己。因为现在的商品种类繁多，顾客们不怕买不到好商品，早已经不是“酒香不怕巷子深”的年代了，就算你的产品质量非常好，销量非常好，佣金比率也设得非常高，但是没有人知道还是没有用的。

网店经营者可以发宣传帖去招募“淘宝客”，首选的地方是淘宝联盟社区，首先登录进入淘宝联盟社区首页，单击顶部导航栏中的“淘宝客”按钮。然后进入“淘宝客”推广区，在这里可以看到很多的招募“淘宝客”的广告贴。

在“淘宝客”推广区发广告帖是被允许的。所以，网店经营者可以在这里发宣传帖并开始推广。网店经营者在这里发帖推广的时候，需要在标题和商品详情中使用一些吸引人的文字来让更多的“淘宝客”关注自己。要让“淘宝客”能从帖子中轻松看出产品的优势和信誉，还要强调产品的热卖程度和佣金比率的巨大优势。

如果在后期，网店经营者的“淘宝客”推广已经做得趋于成熟了，为了给“淘宝客”们一个更直观的感觉，增强“淘宝客”们的动力，还可以贴上推广效果截图，或者根据自己产品的特点撰写帖子。

4. 奖励“淘宝客”

为了增强“淘宝客”们的工作积极性，网店经营者还可以给予那些推广工作做得好的“淘宝客”们一些奖励，这样能让他们长期保持高昂的斗志，更加努力地为自己工作。比如，当推广你产品的“淘宝客”们将你的产品推广到一定的销量时，网店经营者可以额外奖励对方一些现金或者纪念品。

网店盈利箴言

如果网店经营者们巧妙运用"淘宝客"来进行推广，就能为网店扩大顾客群。

什么是"淘江湖"

"淘江湖"是淘宝网新推出的玩法，和人人网、开心网是一个性质，是一个真实的交友互动平台。"淘江湖"能帮你便捷地同你的好友（朋友、同事、同学、家人……）保持联系，你可以及时了解他们的最新状况与动态信息，获得更可靠的购物经验与建议，一起享受网购，享受生活，感受不一般的淘宝新体验。淘宝网将开展电子商务交友平台，当你在"淘江湖"交友平台申请账号并邀请你的朋友进入"淘江湖"，就会让越来越多的人开始了解并且接受网上购物，"口碑营销"也会变成"行为营销"。

网店经营者可以在江湖里找到相册、投票等多种好玩有意义的插件。如果网店经营者做生意累了，也可以到江湖里来歇歇脚。这是网店经营者休息、娱乐又宣传的好去处，同时也是淘宝买家们集购物、娱乐于一体的好地方。

"淘江湖"有两个入口，一是从旺旺上的"T"型按钮处进入，二是在淘宝页面上左上角点击自己的昵称进入。如果网店经营者是第一次进入"淘江湖"，要做的第一件事情就是完善自己的资料，不然网店经营者的资料空荡荡的，就无法吸引别人过来。

完善个人资料的具体操作方法如下：

点击"淘江湖"页面左上角的"头像"选择自己想填的资料，资料可以根据个人意愿设置隐私权限，设置完成后点保存就可以了，更新后系统会有提示。

在填写以上资料的时候一定要填写完整，还要注意以下几点：

（1）真实姓名只有5次修改机会，所以网店经营者修改时要慎重考虑。

（2）只能添加1个高中学校信息。

（3）头像大小不能超过1M。

（4）进入“空间DIY”后可以设置“我的主页”的头部背景图片。

（5）进入“隐私设置”后可以设置收藏夹、江湖首页等是否可被好友可见的权限。

网店经营者在设置资料的时候可以写些东西来吸引顾客，也可以添加很多好友来一起玩游戏，这对推广自己的网店都是很有帮助的。

在淘宝开店是一个积累的过程，只要分享店里商品的顾客越来越多，店主的信誉度肯定会越来越高，生意也会越来越好做。

网店盈利箴言

身为一个网店经营者，必须熟悉淘宝网推出的各种扩展平台。

如何简单设置你的“淘江湖”以吸引流量

前面提到过，“淘江湖”是淘宝的交友平台，买家们在“淘江湖”上分享购物心得、相互推荐比较好的网店是很常见的事情，这里有大量的买家，是网店经营者挖掘潜在客户的好地方。

网店经营者使用“淘江湖”带来的流量质量比较高，使用方法也比较简单，这里不需要网店经营者学会如何写精华帖来推广网店，只要做一些简单的设置就能免费为网店带来流量，让“淘江湖”这个大型免费广告牌为店主们的店铺增加曝光率。

那么，网店经营者怎样设置自己的“淘江湖”呢？

（1）首先登录进入“淘江湖”的首页，单击“设置”按钮，进入个人信息设置，然后单击“我的头像”，把一个能代表店铺形象的图片放上去，放上这个图片以后，要达到让人一眼就能看出店铺在卖什么产品的效果。

（2）然后回首页，在签名发表框里编辑写入广告词和联系方式，单击“发表”按钮，直接发表就行。

在“淘江湖”的右侧有一个栏目是“谁来看过我”，只要网店经营者浏览过别人的“淘江湖”，账号、名字和头像就会显示在对方的这一栏目里，对方返回看你的“淘江湖”的几率就大大增加了。因此，网店经营者平时要多多浏览一些会员的“淘江湖”，以增加页面的浏览量。

除了以上的简单设置外，网店经营者还可以免费在淘宝店铺推广中为自己的产品做广告，具体如何做呢？

“淘江湖”里面有一个“新鲜事分享”，也就是说，在“淘江湖”或者淘宝的一些操作，都会显示在好友的“新鲜事分享”里，这样别人就知道你最近都在做什么，有什么动向。网店经营者可以利用这个功能，简单地进行几步操作后，就可以不断促销自己的所有商品。

网店经营者要多注册几个淘宝账号，然后把“淘江湖”右下角的分享链接复制下来，发给那些潜在客户们，尽量在“淘江湖”里为自己添加好友，越多越好。等网店经营者把好友都加进去以后，可以用账号去收藏自己店铺里面的商品，每天收藏几个，这样就会产生收藏动态，而这些动态会出现在好友的“新鲜事分享”里面，于是无形中便为自己的商品做了广告。网店经营者可以通过这个方法不断地向“淘江湖”里的朋友们做店铺与产品宣传。

网店盈利箴言

网店经营者学会了设置“淘江湖”，就相当于掌握了一条免费的广告渠道。

如何利用“淘江湖”做“淘宝客”赚钱

“一张舒适的床垫，是您赶着回家的诱惑。淘宝优秀家纺之床上用品篇，推荐给您的是我们认为最棒的，同时也希望是您能认可的。试着去享受吧，愿您有一个好梦。”

这是小张在一个群里看到的一则广告。小张觉得这则软文写得恰到好处，既推广了自己的产品，又没有广告之嫌。小张点击进入链接，发现广告作者是用“淘江湖”做软文的“淘宝客”。因为平时很少上网，所以这个“淘江湖”与“淘宝客”让小张感到很新奇。

案例中的小张觉得用“淘江湖”做“淘宝客”很新奇，那是因为他平时很少上网，自然也对网购知之甚少，所以不了解“淘江湖”和“淘宝客”的具体情况。

其实如今利用“淘江湖”做“淘宝客”赚钱的人已经越来越多，下面我们就来看看利用“淘江湖”赚钱的好处以及具体方法与经验：

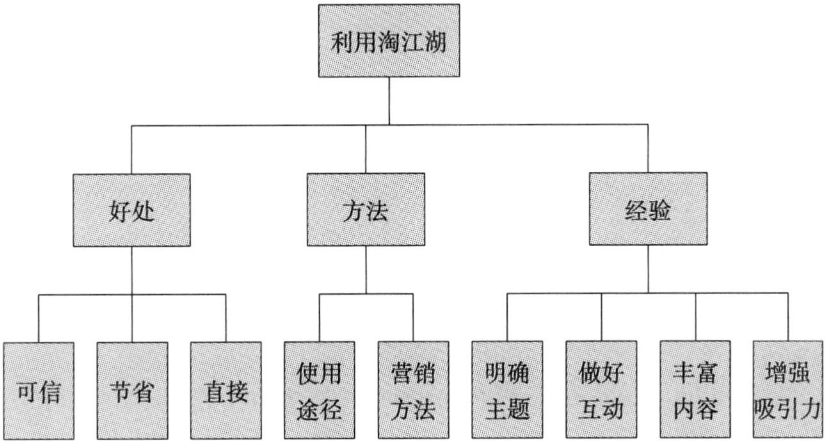

一、好处

事实上用“淘江湖”做“淘宝客”的人很多，因为这有以下几点好处：

1. 可信

有些“淘宝客”网站在第三方网站上，让人觉得不可信任，但是“淘宝客”的产品都在淘宝网站上，可以让买家很放心，所以用“淘江湖”做“淘宝客”很容易让人产生信任感。

2. 节省

不用买空间域名，用淘宝网的就可以，这毕竟可以省去一笔费用，空间还相当稳定。

3. 直接

“淘江湖”是淘宝用户聚集的最大的圈子，我们所有的客户都聚集在这个圈子里，所以“淘宝客”的推广就变得很直接，不像QQ群发博客那样麻烦。

二、方法

1. 使用途径

那么“淘宝客”们是怎样利用“淘江湖”做“淘宝客”赚钱的呢？

其实很简单，并没有小张想的那样神奇。“淘宝客”们是用“淘江湖”的日志发表文章的。如果网店经营者想和“淘宝客”那样利用“淘江湖”这个平台来做营销，但是“淘江湖”没有日志这个组件，此时网店经营者们只要将日志这个组件添加上去即可。其实“淘江湖”上关于“淘宝客”的功能还有很多，并不止这一个，譬如它的商品分享、它的“帮我挑”、它的转帖、它的“淘帮派”和它的“淘心得”等，只要网店经营者把这些东西利用好了，肯定可以带来意想不到的效果。

2. 营销方法

那么怎样用“淘江湖”做“淘宝客”营销呢？

“淘江湖”和“淘宝客”网站还是有区别的。“淘宝客”网站最重要的是做好搜索引擎的优化，而“淘江湖”上的“淘宝客”推广方法相对而言则更为灵活。一般“淘江湖”上的“淘宝客”主页都有很多专题。上面有菜单栏，下面有链接，这其实就是一个网站。“淘宝客”还可以为其他的专题写不同的推广软文。只要有人点了链接，就会看到里面所有的专题。

“淘宝客”更适合以发帖子、QQ空间和使用微博等软文方式来进行推广，如果“淘宝客”有更新的创意，可以想出更多的、更优秀的推广方法，那么“淘江湖”就是一个不错的施展平台。

如果网店经营者想要利用“淘江湖”做“淘宝客”赚钱，还要注意以下两点：

（1）做“淘宝客”要经常发广告，同时也要注意别人的广告，加以研究，取长补短。

（2）当越来越多的人都知道“淘宝客”的时候，“淘宝客”就应该把眼光放得长远一些，转变思路，想一些更有创意的点子，这样才能适合时代的发展，一路领先。

三、经验

1. 明确主题

"淘宝客"要知道自己的江湖是以什么为主题的，还要知道要吸引什么样的顾客群，这些顾客都需要什么；在确定了自己的主题以后，要紧紧围绕这一主题，不断吸引别人来参与。

2. 做好互动

网店是一个销售平台，而"江湖"则是信息发布、交流互动、客户维护的综合平台，网店以商品为主体，而"江湖"以内容为主体。网店的服务对象是买家，"江湖"的服务对象则是粉丝。如果两者能把互动做好，那就可互为补充，相互促进，就能真正发挥巨大的威力。

那么怎样做好互动呢？首先要根据以下的经验来做，其次还要个人好好总结和探索。

（1）店铺中要有进入店铺江湖的方便链接，最好能在店铺顶部开个专栏，把自己加 fans 的方法、fans 的专享服务、正在进行的 fans 活动、以前的 fans 活动和"江湖"的链接整理成集合页面。

（2）要把店铺中的各种优惠活动与"江湖"的内容结合起来，比如把活动预告和活动说明做成帖子来宣传等。

（3）为了能让店铺和江湖都不断有新的内容，时时保持吸引力，店铺内容和"江湖"要同步更新。譬如可以考虑在店铺首页开辟一个 fans 专区，把江湖中重要的更新也发布到店铺中。

3. 丰富内容

（1）围绕 fans 的需求，划分模块准备内容，比如社会科学类、促销类、趣味类、fans 之间的互动类等等。

（2）"淘宝客"只要发一个叽歪，肯定就会出现在所有 fans 的"淘江湖”个人中心，所以“淘宝客”不能像一般的博客或帮派那样随意发布内容，每天发布的量和内容都要充分考虑fans的感受。

(3) 为了避免因无法给fans带来长久的价值而被fans抛弃，“淘宝客”切忌把“江湖”做成单纯的广告渠道，只发布促销内容，把fans仅当成促销信息的受众，进行广告轰炸。

4. 增强吸引力

吸引店铺买家和“淘江湖”会员只是第一步，提高吸引力和增强fans参与互动的积极性才是最重要的一步，也是最难的一步。“淘宝客”可以寻找一些铁杆fans，共同参与建设“江湖”。在活动中可以让fans参与建设，这样fans就会更加积极。因为这样的活动趣味性比促销活动强，而且fans有参与感，投票确定的名称又与每位fans都有关，所以会让fans更有兴趣参加。

网店盈利箴言

利用“淘江湖”做“淘宝客”赚钱，必须先了解其具体方法，还要多参考一些别人的经验，只有这样才能少走弯路。

盈利关键6

淘金币时代：虚拟货币也能“魅惑人心”

淘金币的定位

有过网上购物经验的人一定收到过关于淘金币的消息提醒，那么这个“淘金币”是什么呢？它是淘宝网的虚拟货币，相当于现实生活中的人民币。它就像古代钱庄里发行的银票一样，能在淘金币这个应用平台进行兑换和使用。

获得淘金币的渠道有很多，比如用户们可以通过在“淘江湖”里发起投票、发表博客等行为赚取淘金币。淘金币的用途也很广泛，比如可以直接兑换各种礼品或参加抽奖，也可以在淘金币应用中心兑换游戏道具和其他心仪的礼品，还可以兑换现金券，在购买淘宝网的商品时享受折扣等。

在顾客心中，淘金币自然算是好东西，而在卖家心中，它也是一种不错的营销工具，下面我们来看看淘金币的具体定位。

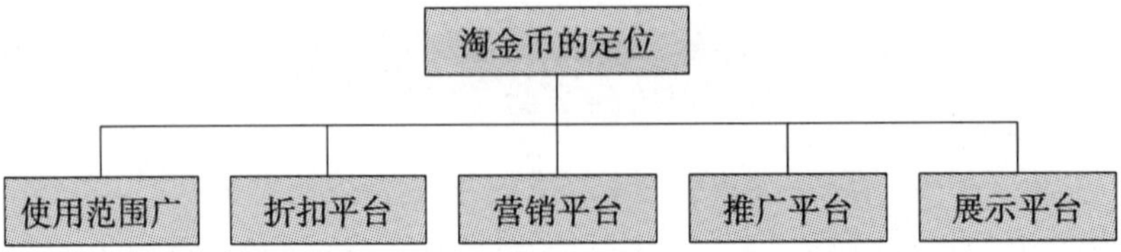

一、使用范围广

买家在购买商品的时候会有积分产生，当积分到达一定数额的时候，就可以兑换一些商品。其实不仅仅是积分可以兑换商品，淘金币也是可以兑换折扣享受优惠的。而且淘金币系统还是品牌折扣换购中心，使用率远远覆盖了淘宝的积分体系，用起来也比积分体系更加便捷。

二、折扣平台

买家们赢取淘金币的方式有很多，可以因此享受到的折扣也很多，例如可以通过完成任务、购买产品等方式来赢取淘金币，并用获得的淘金币进入兑换页面尽情挑选自己心仪的宝贝进行兑换或是享受折扣优惠，所以很多买家把淘金币看做是尽情享受折扣的平台。

三、营销平台

因为很多买家会把淘金币看做是享受折扣的平台，所以买家们很愿意为了赚取淘金币而“奋斗”，很多店主就抓住了买家“求金币”的心理，把淘金币看作是一个很好的营销互动平台，通过社会性服务网站进行营销。现在店主们常用到的社会服务性网站有新浪微博、开心网和人人网等。

四、推广平台

淘金币的用户都是拥有 2 心或者 2 心以上“淘龄”的用户，一般以 2 心以上的用户为主。这些淘宝会员都是淘宝上最具活跃性、购买力最强、购买率最高的最优质人群。截至 2010 年底，这类优质用户已经达到 7 100 万人，所以，淘金币这个平台很好地给网店经营者提供了一个精准推广的平台。

五、展示平台

淘金币平台拥有购买力强、购买率高的优质客户群，每天都有大量的页面浏览量，店主们可以在淘金币平台上尽情展示自家的品牌，提高品牌曝光率。这些优质的客户群体、高转化率及购物分享可以很好地帮助店主们口碑营销，拉拢回头客。所以淘金币平台是一个快速提升品牌形象，口碑营销的展示平台。

张小姐开了一家网店，主要以销售女装为主。2011 年光棍节前夕，她准备推出自己店内的几件爆款来进行淘金币竞拍，因为根据以前的经验，参加类似活动的买家都是购买动机明确、购买力强、精准消费的人群，而且这部分人相对而言比较活跃，所以不管从推广产品的角度还是从打造网店的知名度来说，举行竞拍活动都是比较划算的。

张小姐通过分享机制深度传播店内的优惠政策：5 件当季最流行的女装参与淘金币竞拍，中拍的买家可以以一折的优惠价购买女装。果然，用户们的反响很好，店铺的访问量很高，参与活动的人高达7 000之多，还有3 000 人收藏了竞拍服装。并且竞拍结束以后，店铺的回头客数量也比较稳定。

这个案例中的张小姐有效利用了淘金币这个平台，把淘金币平台当作一个推广平台推广自己店内的服装，也为自己的网店做了一个广告，不仅让用户积极参与，还稳定了自己店铺的浏览量，为自己培养了一批回头客。

网店盈利箴言

经营网店需要有一个好的宣传手段，买家把淘金币看做是折扣平台，店主们要有效利用这个“折扣平台”，把它做成自己的“销售平台”和“宣传平台”。

淘金币的应用

了解了淘金币的定位之后，我们再来看看淘金币的应用。

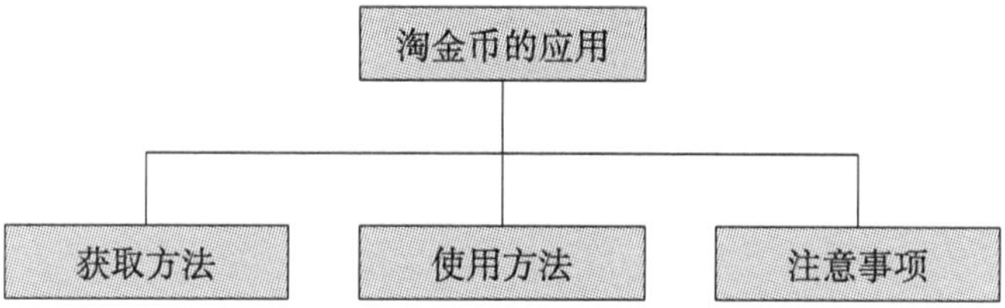

一、获取方法

使用淘金币的前提是获取淘金币，获取淘金币很简单，一共有 9 种方法：

1. 连日领取

用户只要每日登陆钱庄——金币兑换中心，在钱庄首页领取淘金币，第一日领取 5 金币，第二日 10 金币，依次累加，只要中间不间断，连续 7 日后就可以每天领取 40 金币。但是如果中间间断了，用户就要从 5 金币开始领取。

2. 好友申请

用户发送好友申请，被对方验证通过后，即可获得 50 淘金币。

3. 上传头像

用户完成真实头像上传，就能获得 20 淘金币。

4. 完善资料

用户完整填完自己的基本资料并上传，就能获得 30 淘金币；完整填完个性资料，就能获得 50 淘金币。

5. 发起投票

用户在“淘江湖”里发起一个投票，就能获得10淘金币。

6. 举报

在相册里，每成功举报一次，就能获得5淘金币。

7. 完成任务

分享、晒单、完成各种任务后都可以获得相应的金币数。

8. 登陆空间

用户只要每日登陆个人空间，就能获得5淘金币。

9. 安装插件

每成功安装一个插件，就能获得30淘金币。

二、使用方法

淘金币可以到金币兑换中心参与抽兑奖，今日特惠和竞拍活动，进而获得礼品。礼品包括服装、食品、家居、美容美饰、数码家电、虚拟等多个类目，用户可以在上百种礼品中挑选自己心仪的东西。

1. 参与兑换

有的用户的淘金币数量比较多，这种情况下，用户就可以直接用淘金币换取自己心仪的礼品。

在淘金币全额兑换页面上选择商品，点击“全额兑换”按钮，进入商品页面，在商品详情页可以看到全额兑换的淘金币数量，点击“立即购买”，在扣除商品所需的淘金币并进入到付款页面后，会出现淘金币全额兑换的优惠选项卡，确定并提交订单即可。

2. 参与抽奖

有的用户的淘金币数量比较少，这种情况下，用户可以直接用淘金币来抽取自己心仪的礼品，但是中奖率不高，一般礼品的单价相对而言比较高。

在淘金币抽奖页面选择商品，点击“抽奖”按钮，同时扣除相应的淘金币数量，中奖后，进入卖家店铺即可看到商品，确定好商品后，点击“立即购买”按钮，即可以低价购买到心仪的商品，确定无误后，付款即可。

3. 参与今日特惠

还有一种比较适合淘金币数量比较少的用户参与活动的方法，就是用较少的淘金币数量再加部分现金直接兑换礼品，但是淘金币数量不能低于2 000，所获礼品的价格一般是原价的5 折左右。

搜索淘金币商品，选择商品后，进入卖家店铺，在卖家的店铺宝贝详情页面看到兑换折扣的淘金币价格，点击“立即购买”扣除淘金币，进入付款页面后，可以看到淘金币价格的折扣选项卡，确定并提交订单即可。

4. 参与竞拍

如果遇到店主以拍卖的方式展示自己的商品时，所有商品都会以0 元起拍，用户每次加价消耗5 金币，同时宝贝价格会根据拍卖商品的不同情况而上涨一定数额，倒计时为0 时，出价最高者得，用户会以极低的成交价购得商品。没有竞拍成功的用户，也可以通过折后价购买商品，折后价必须是近两个月的实际最低售价。

三、注意事项

1. 点击“确认”按钮

在使用淘金币全额兑换商品的时候，用户必须点击“确认”键才会扣除淘金币，如果关闭交易或者未确定收货申请推荐，系统会将淘金币全额返回到用户的账号中。

2. 时间限制

用户在使用淘金币抽奖的时候，如果中奖，商品的购买时间限制为12 小时，过期将自动失效。

3. 不做二次使用

用户在使用淘金币抽奖之后，淘金币将不做退还，不能二次使用，用户使用前要慎重考虑。

> **网店盈利箴言**
>
> 淘金币虽然可以给网店经营者提供一个好的营销平台，但这一切必须建立在掌握淘金币应用的基础上。

淘金币的报名条件

淘金币被买家看做是折扣平台，所以很多网店经营者会把淘金币视为营销平台和推广平台，但并不是什么类别的商品都可以报名参加淘金币活动，为了让淘金币活动更加规范，部分商品将无法报名参加淘金币活动。那么有哪些类目不可以参加呢？下面列举一些比较具有代表性的商品类型以作参考，如下图所示：

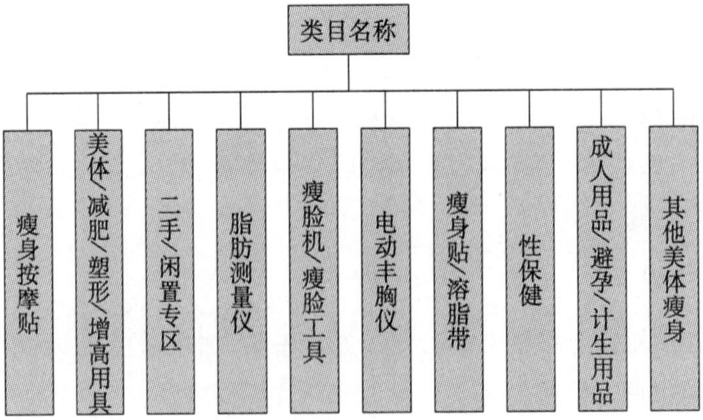

以上十类商品无法报名参加淘金币活动，网店经营者当根据以上类目细细斟酌，看看自己的商品是否适合报名参加淘金币活动。那么，什么样的商品类别适合报名参加淘金币活动呢？

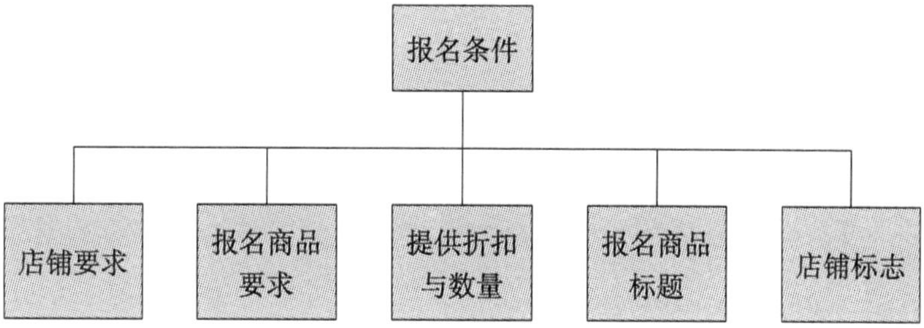

一、店铺要求

1. 集市店要求

（1）网店经营者的信用要大于或等于 3 钻，而且好评率要大于或等于 98%；网店经营者还要开通旺铺，并且化妆品和运动服饰必须加入假一赔三活动。

（2）如果店铺的非虚拟交易想要报名参加淘金币活动，那么加入当日近 6 个月的动态评分三项指标不得低于 4.6，如果店铺开店时间不足 6 个月，那就从开店之日算起。

（3）全店必须没有侵权行为，如果有侵权行为，积分需要在每年的 12 月 30 日清零，清零以后方能报名参加淘金币活动。

（4）报名之日的最近一个月内，人工介入退款成功笔数的比例不得超过店铺交易笔数的 0.1%，或笔数不得超过 6 笔；如果是数码类卖家，笔数不得超过 4 笔。

（5）如果 A 类扣分大于或者等于 12 分，从达到 12 分之日起，3 个月内禁止报名参与活动。

（6）如果网店经营者因为各种违规行为而被搜索全店屏蔽，处罚期内禁止报名参与活动。

(7) 因炒信被处罚的卖家将永远没有参与活动的权利。

2. 商城、良品

(1) 店铺动态评分要大于或等于4.5分。

(2) 宝贝与描述相符也要大于或等于4.5分。

二、报名商品要求

(1) 报名之日的最近1个月之内，报名商品的成交量最少要有10件。

(2) 报名参加淘金币活动的商品，买家给予的好评最少要有5条，“宝贝与描述相符”这一项集市店最少要有4.6分，商城、良品最少要有4.5分。

(3) 报名参加淘金币活动的商品原价不能高于全网均价，禁止出现先提价再打折的现象。

三、提供折扣与数量

(1) 报名参加淘金币活动的商品折扣最好不要低于5折，折后价格必须是报名之日最近两个月商品的最低零售价格。

(2) 折后数量最少要有200件，如果是当季热卖品，数量最少也要有500件。

(3) 食品和数码产品等低利商品的折扣与数量可以适度放宽，数量是自动调取店内库存信息，无须填写，网店经营者只要确保店内库存数据准确即可。

四、报名商品标题

报名参加淘金币活动的商品标题最前面要添加“淘金币”字样。

五、店铺标志

店铺自报名之日起，要悬挂“淘金币官方赞助商”标志两个月。

关于淘金币活动的报名，淘宝网有一个自动验证的功能，这对网店经营者来说更具指导性，可以让网店经营者的工作更加便捷。

网店加盟者提交商品报名之后，系统不会即刻显示淘金币价格，但是最晚不会超过次日中午 12 点系统就会通过主旺旺系统的消息通知来告知网店经营者淘金币价格是否设置成功。如果设置成功，报名参加淘金币活动的商品将以淘金币价格进行销售，并且商品会进入正常审核流程；但是如果设置不成功，系统将提示设置不成功的原因，卖家可以根据提示进行优化，优化之后，可重新提交报名。原设置不成功的商品记录删除与否，网店经营者可以自行决定，系统给予的设置反馈最晚也不会超过次日 12 点。下面是报名流程：

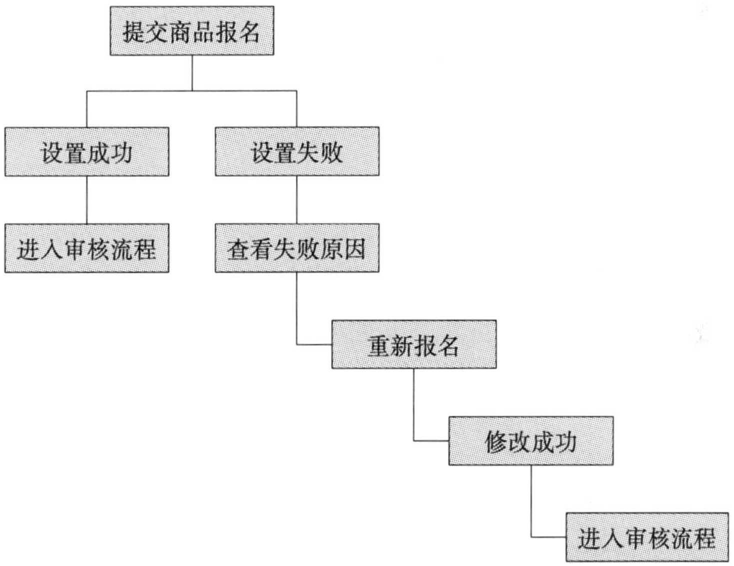

例如一个网店经营者报名 5 件商品，从淘金币提交报名后，商品不会即刻显示淘金币价格，网店经营者会在第二天中午的 12 点之前收到主旺旺系统弹出的通知，这个时候就会有两种情况，第一种情况是淘金币设置成功，此时会出现“您的宝贝 ID 为 ×××× 的商品已成功设置淘金币价，系统将在六天内对您的宝贝进行筛选审核，请随时关注淘金币活动商家通

知”。同时通知上还会出现链接网址，网店经营者可以点击此链接网址进入淘金币后台查看详情。

在通知的下面还会出现两个提醒，一个是“在淘金币价生效期间，请勿设置‘限时折扣’等会让‘淘金币价’失效的折扣工具”。另一个是“收到淘金币活动的上架通知后，请在通知的截止时间内到淘金币后台确认上架，逾期将视作放弃商家资格”。

第二种情况是淘金币设置不成功，旺旺会弹出内容，引导网店经营者进入后台查看设置失败的原因，此时会出现“您的宝贝 ID 为××××的商品未能成功设置淘金币价”，同时通知上也会出现链接网址，网店经营者可以点击此链接网址进入淘金币后台查看设置不成功的原因。

网店经营者点击链接进入淘金币后台后可以点击右侧的“查看失败原因”按钮进行查看，具体失败的原因有以下几种：

（1）最低价和最低销量都不符合。

（2）只有最低价不符合。

（3）只有最低销量不符合。

网店盈利箴言

不是什么产品都能够参加淘金币活动，网店经营者一定要仔细了解淘金币活动的报名条件，以确定自己的产品是否被限制了。

淘金币的基础运作

当网店经营者确定自己的产品能够参加淘金币活动之后，接下来就要开始淘金币的基础运作了。淘金币的基础运作包括活动形式和运作重点。

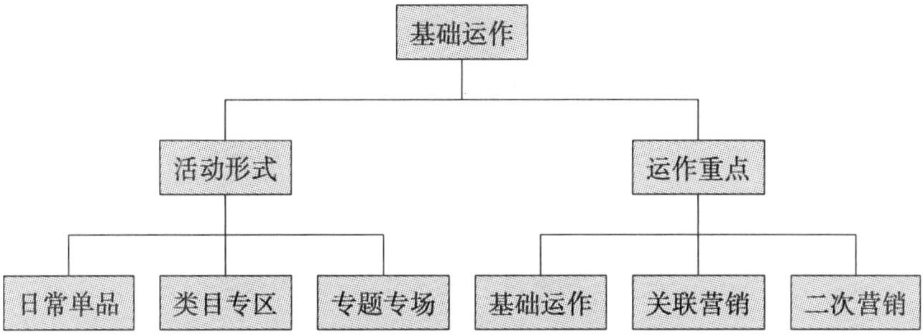

一、活动形式

淘金币的活动形式主要有3种，分别是日常单品、类目专区和专题专场。

1. 日常单品

日常单品需要网店经营者优选店铺的热销产品，从后台进入报名。审核通过后，“小二”会通知网店经营者做好上架准备。活动期间，网店经营者优选的日常单品可以在商品所在类目中展示7天，热卖商品可上热门推荐。另外，选择的产品品牌不限。

2. 类目专区

类目专区需要网店经营者优选店铺3至9款单品，和日常单品一样，也要从后台进入报名。审核通过后，“小二”会通知网店经营者做好上架准备。活动期间，这几款单品可以在商品所在类目中展示7天。类目专区选择的单品必须是同一个品牌的产品。譬如“××××品牌折扣区”。

3. 专题专场

参与专题专场活动的品牌，网店经营者必须要提供不少于50种折扣商品，另外还要外加最少30万元制作广告投入专题；同时，网店经营者还要提前和淘金币类目“小二”进行沟通，确定意向，专人跟进策划。

拥有单一或多个品牌的网店经营者要优选不少于50种商品，交由淘金币“小二”进行初审。排期确定后，淘金币活动运营“小二”会接手负责，执行活动。

二、运作重点

1. 基础工作

众所周知，淘金币每天聚集着几百万名购买率最高、购买力最强的优质用户，因此，淘金币活动7天的平台展示可以为网店经营者带来超高的曝光率，能让网店经营者在短时间内打造爆款，全面提升网店整体的销量，还能提升收藏量，提高搜索排名。但是网店经营者想要使活动的效果最优化，还需要做好活动前期的准备工作。

（1）库存准备。

库存准备不仅仅包含淘金币活动参与商品的库存，在活动中，店内其他商品的库存量也要保证充足。

（2）硬件准备。

当客户数量达到一定上限的时候，要避免出现死机卡网等现象。

（3）人员储备。

为了能在活动期间将淘金币活动为网店经营者带来的利益扩大到最大化，在淘金币活动前期，网店经营者必须对店内的客服进行专业、系统的培训，让他们彻底地了解淘金币活动的相关规则。同时，为了更快地提高客服处理事情的能力和速度，一定要非常详尽地做好快捷回复。

淘金币能不能为网店经营者带来巨大的销量，仓储人员起到一定的作用，所以网店经营者要对仓储人员严格要求，要让仓储人员在保证发货速度的同时，还要保证发货的效率，减少发货的出错率。

2. 关联营销

网店经营者在参与淘金币活动期间不仅要加大直通车和淘宝客推广，还要根据店铺的营销类目不同、产品分类不同以及产品性质的不同，结合流量，通过淘金币价转化率高的优势，快速打造爆款。

网店经营者要确定关联营销的每种产品之间有没有一定的连带关系，如果有，那么可以确定这样的关联营销手段并不会使顾客厌烦，因为虽然顾客不会希望在买日用品的时候有人向他推荐买一套婚纱，但是如果在这时候有人向他推荐一款性价比比较高的洗发水，买家却会更高兴，交易成功的几率也会更高。

网店经营者在进行关联营销的时候，可以直接在商品描述中添加其他商品的图片，并附带上购买链接、插入超链接等方式。

但是有些买家很讨厌在商品描述中看到与这个商品无关的一些内容，因此网店经营者可以将一些关联商品的添加放在宝贝描述的最下方，虽然这样会降低一些关联商品的浏览量，但是这样就不容易引起买家的注意，也不会影响买家浏览当前商品的体验度了。

网店经营者在做关联营销的时候，要尽量添加一些浏览量比较高的商品，例如爆款商品，这样对于关联营销来说效果是最好的，或者月销量比较高的商品和好评率比较高的商品，都比较适合添加关联商品推荐。因为这些商品的顾客浏览量相对而言比较高，所以买家们看见网店经营者推荐的关联商品的概率会比较大。反之，就会小一些。

网店经营者可以添加不同类型产品的推荐、同类型产品推荐和镇店之宝推荐。除了这几种方式外，还可以设置一些搭配套餐、限时折扣、满就送等活动。

3. 二次营销

基础工作和关联营销相关工作的最终目的就是为了抓住客户，但是经营者不能做“一锤子买卖”，活动结束后，还需要做好二次营销工作。

淘金币平台规定淘金币价兑换后有效期只有 12 小时，过期失效，所有成交记录均显示宝贝原价。这样的措施帮助网店经营者留住了一批优质的客户群体。面对如此优质的客户资源，网店经营者能不能把他们培养成网店的“忠实粉丝”就显得非常重要了。

淘金币平台每款活动中的产品下方都会显示“买过该宝贝的人怎么说”板块，会显示已经买过的买家们对商品的评价，这为网店经营者收集产品的试用心得提供了很好的平台，也加大了更多优质客户的购买动力。

网店盈利箴言

网店经营者了解了淘金币活动的基础运作后，就能够在这个营销平台上大展拳脚了。

盈利关键7

省下来的就是利润：财务管理，细节决定成败

网店销售的成本构成

在市场经济条件下，竞争主要是指价格与质量的竞争，而价格的竞争归根到底还是成本的竞争，在保持毛利率稳定的条件下，只有低成本才能有更大的利润空间。

要想看一个实体店或者网店的管理质量如何，只要看一下他们的成本核算记录就行，因为店铺销售转化率的高低、库存的数量是否合理、商品质量的好坏、店铺经营管理水平的区别等，都能通过成本直接或间接地反映出来。

对于一家网店来说，成本控制非常重要，是不容忽视的工作。成本都是由一些细节构成的，只知开源不知节流的卖家不是一名称职的卖家，一些日常的零碎成本也应该计算到销售成本里面去。

很多网店经营者确实比较重视核算成本，但是往往“心中有数，纸上无字”，只在核算的表格里列出商品售出的时间、名称、数量、成本价、售价以及合计价几项，而从这么简单的账目中是难以看出店铺的具体经营情况的。

其实，网店经营者必须核算的成本远不止这么简单，成本应该包括直接成本和间接成本。

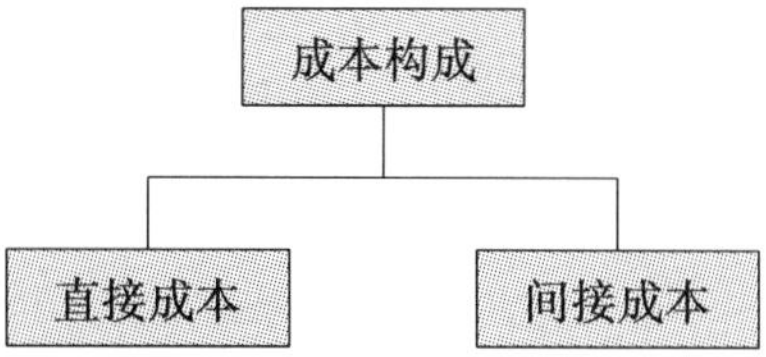

一、直接成本

网店的成本是指网店为销售商品而支出的各项费用之和。它起码应该包括网店在经营过程中产生的进货成本、进货交通费以及邮费、包装费用等，这些简称直接成本，也叫经营成本。

二、间接成本

间接成本是因管理产生的费用，如通信费、网络费、退换货产生的其他开支以及店主的基本生活费等，也叫管理成本。为了能算出纯利润，必须把这些开销全部计入每一件商品的总成本里。

如果那些“心中有数，纸上无字”的网店经营者把这些管理成本全部计算进去以后，会发现纯利润比简单记账算得的纯利润要低得多，这只能说明之前的账目数字使网店经营者盲目乐观。

随着网店的经营走上正轨，规模不断扩大，管理力度不断加强，利润也会不断增加，所以，网店还会有一些其他方面的成本开销：

（1）网店库存积压的资金增加，因为进货量大可以拿到更优惠的价格。库存一多，场地支出、水电费都会相应增加。

（2）客服增加，人员工资也会增加。

（3）经营多年，需要更新一些设备。一些开店比较早的网店经营者使用的电脑和数码相机早已经更新换代了，需要更换，而且也需要添置针式打印机打印发货单。

(4) 印制名片、购买赠品也会产生费用，这些费用全部都要算入成本里面。

(5) 一些眼光长远的网店经营者还会考虑到网店发展会产生的投入，包括品牌建设和保护的费用以及宣传推广的费用等等。

网店经营者明白了成本的构成，就知道应该如何为商品定价了，很多费用不是网店经营者不计算它就不会产生的，成本和利润比例合理，才能使网店实现盈利。

如果把商品价格定得太高，买家会认为性价比不高而另寻他店，不利于提升成交率。但如果把价格定得太低，自己的利润空间又会太小，所以，合理的定价才是网店实现盈利的前提。有了利润的支持，网店才能持续发展，才能在市场竞争中有更长久、更旺盛的生命力。

商品的价值是商品销售价格的基础，而成本则是用价值表现出来的经营管理消耗，所以，商品的定价要综合考虑经营成本和管理成本，只有这样的定价才可能取得盈利，而有盈利才能兑现承诺的售后服务等，才可能保证网店持续、健康地发展。

很多网店经营者对成本的概念还很模糊，认为成本就是进货时的直接支出，而利润就是批发和零售之间的差额，这种错误的概念最终只会导致网店经营者给商品定出一个错误的价格。而这种做法只会把市场扰乱，不仅仅让错误定价的网店经营者得到的付出和回报不成正比，还让职业网商被混乱的价格伤得体无完肤，而顾客也会因为网店经营者无利润支持，享受不到应有的售后服务，最后形成三方俱损的局面。

网店盈利箴言

网店销售的成本构成并不仅仅指进货成本和交通费用等直接成本，还包括通信费、网络费等间接成本。网店经营者要正确地核算出店铺的经营成本才能做到合理定价，理智销售，才能确保店铺的正常运转，才能在竞争中有更强大的经济实力作支撑，才能从中赚取自己应得的利润。

定价的方法和技巧

商品定价是商品能否卖出或者能否成为热销品的重要因素，一些成功的网店经营者，都很擅长利用定价来吸引顾客。店主们各出奇招，每种方法都收到了意想不到的效果，在满足顾客的消费欲望的同时，也使自己的网店实现了盈利。

现在淘宝上很多网店经营者为了吸引更多买家的眼球，把商品定价为“0”利润，更有甚者，竟然把商品定价为负利润。然而，这种定价为“0”利润和负利润的商品也不一定销量很好。其实商品定价并不是越低越好，这中间还是有很大学问的。

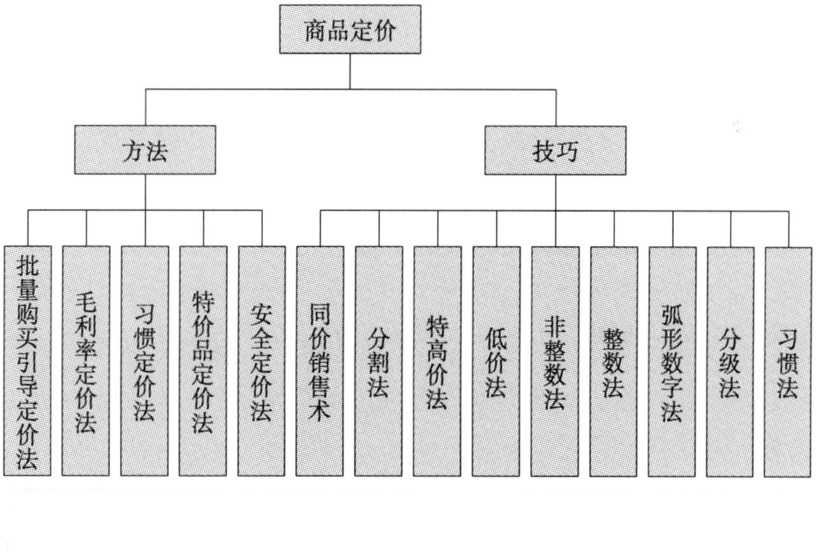

一、定价的方法

1. 批量购买引导定价法

顾客都有一个相同的心理，就是想在商品价格最便宜的时候购买商品。因此商品在八、九折的时候顾客的兴趣往往不是太大，七折的时候顾客想出手购买，可又怕商品的价格会更低，还会担心别人将自己心爱的东西买走，所以一直犹豫不决。只有在五、六折的时候顾客才会迅速把商品买走，因为这个时候顾客会认为“过了这个村就没有这个店了”。基于这种情况，商品在一折的时候倒很少卖出。

批量购买引导定价法就是根据顾客购买量的差异来制定不同的价格，随着顾客购买量的增加，单位商品的价格在不断地降低。

2. 毛利率定价法

这个方法也叫做加额法或标高定价法。多数商家都采用这种定价方法，因为这种定价方法计算起来比较方便，而且在市场环境的许多因素趋于稳定的情况下，运用这种方法能够保证商家获取正常利润，相对而言是比较保险的定价法。

同时，这种方法容易让顾客感觉到合理公平，很容易被顾客接受。

3. 习惯定价法

这种方法是市场上已经形成习惯的定价方法。市场上有许多商品，销售时间已长，顾客的心中已经对这类商品的价格有了一定范围的定论。所以店主们若对这类商品定价偏高，商品就很难销售出去；定价太低，顾客会怀疑商品的质量是不是存在问题，也不利于销售。

例如一小瓶的飘柔女士洗发水，虽然在不同的区域价格会有所不同，但是终究不会超过14元到19元这个价格区间，如果卖到10元，顾客就会怀疑这批洗发水是否真正出自飘柔厂家。如果卖到25元，顾客也会很难接受这个价格。

4. 特价品定价法

有的商家为了招揽顾客，增加对其他商品连带式的销售，以便达到销售的目的，就将少量的商品价格大幅度降低。店主们在运用此方法的时候，降价商品多是一些家庭需要的“特价品”，如洗发水、牙膏、牙刷和油盐酱醋等，并且这类商品的促销前价格要为顾客们所熟知，这样才能让顾客知道这种商品的价格要比平时低，从而招徕更多的顾客。

5. 安全定价法

商品定价适中，会减少市场风险，可在一定时期内将投资收回，并有适当的利润，所以这是一种很稳妥的定价策略。

在商海变幻的时代，店主们要把自己的商品成功地销售出去，不仅仅要把上述的定价方法掌握住、运用好，还要能在定价方面出奇招，这将决定店铺的销售成绩，这就要求店主们不仅仅要掌握住定价方法了，还要在此基础上掌握定价的技巧。

二、定价的技巧

1. 同价销售术

同价销售术分为很多种，比较流行的就是分柜同价销售，譬如有的小商店会开设1元、10元、50元、100元商品专柜。

2. 分割法

价格分割是一种心理策略。定价时采用这种技巧能造成买方心理上的价格便宜感。价格分割包括下面两种形式：

（1）用较小的单位报价。

譬如茶叶每斤100元可报价为每一两10元。

（2）用较小单位商品的价格进行比较。

譬如一本杂志的广告：“每周少抽一包烟，每周就可订阅一本杂志。”

3. 特高价法

特高价法就是在商品刚刚上市时，把商品的单价定得高于成本很多，使企业、个体户或者网店店主在短时间内把商品成本快速收回，产品日后的价格再根据市场的行情做调整。

4. 低价法

低价法和高价法的策略是完全相反的，这种方法是在产品刚刚上市时，把产品的价格调得只在商品进价的水平上，甚至低于商品进价，等到消费者接受了这类产品，商家再根据消费者的接受程度调高商品的价格。

5. 非整数法

这种方法就是把商品的零售价格定成带有零头结尾的非整数，这是一种可以刺激消费者消费欲望的做法。

6. 整数法

对于高档商品以及一些耐用商品，店主们可采用整数定价策略，这样可以给客户一种“一分钱一分货”的感觉，以树立商品的形象。

7. 弧形数字法

在价格的数字应用上，店主们应结合中国国情来定价。很多人喜欢“8”这个数字，并认为它会给自己带来发财的好运，店主们可加以利用；“4”这个数字却被人忌讳，而对于“7”这个数字，人们也会感觉不舒心，所以这两个数字最好不要用；另外因为中国老百姓有“六六大顺”的说法，“6”这个数字比较受欢迎，所以店主们也可以加以利用。

8. 分级法

店主们在给产品定价的时候，还可以根据消费者的购买能力来分级定价，将价格分为低级、中级和高级。

9. 习惯法

就像上面所说的一样，许多消费者已经在心里对一些商品的价格有了定论，所以这类商品一般不会涨价。但是如果商品的生产成本过高，而又不能涨价的话，店主们就可以采取一些灵活变通的办法来获取更多的利润。如增加运费、减少用料等，聪明的商家都擅长在不变中求变。

网店盈利箴言

店主们要想要把网店经营好，首先就要掌握好定价的方法和技巧，这样才能更好地从中赢取利润。

邮费成本的合理控制

邮费对很多网店经营者来说都是一笔不小的开支。这笔网店独有的开支不仅会降低网店的利润收益，还可能让生意不好的网店做赔本的买卖。所以，如何合理控制邮费成本成了网店盈利最关键的问题之一，也成了网店经营者最关注的问题之一。

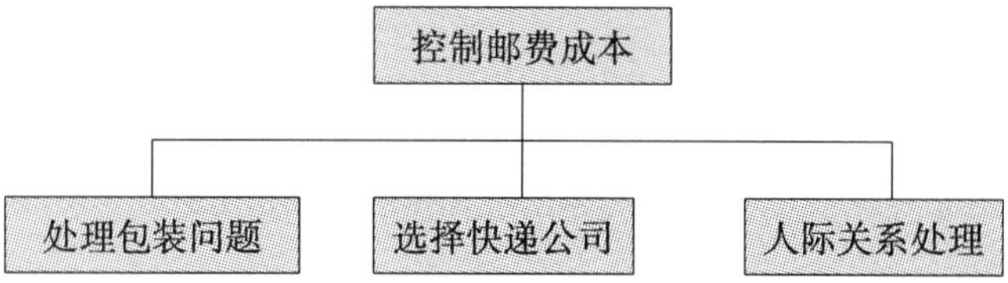

对于邮费成本的控制，如果网店经营者可以巧妙运用一些办法来减少运费开支，确实是可以节省出不少费用。下面就介绍一些在保证服务质量的前提下，降低运费成本的方法和注意事项。

一、处理包装问题

对于网店经营者而言，一个高质量的包裹应该符合成本低、结实防水、重量轻、美观和包装快捷五个特点。

对于怕压的商品，网店经营者要使用结实耐压的包装盒来对其进行包装。

因为快递员可能在运送过程中没有小心爱护货品，就有可能损坏商品，这不仅仅会让买家不高兴，折损网店经营者的商业信誉，买家还可能拒收，致使这单生意失败。如果用的是一个结实耐压、美观的包装盒，则可以避免这些情况。

对于不耐压的商品网店经营者最好不要使用邮政专用的包装盒来进行包装，因为这样的包装盒不仅不美观，还很重，增加重量的同时当然也就增加了运费。网店经营者可以自己去电子城收购盒子，只要和电子城的清洁阿姨谈好，让她们留下盒子，她们不会“弃外快而不顾”的。

对于耐压商品，例如衣物、枕头和床单一类的商品，不怕挤不怕摔，没有必要用盒子包装，这样不会增加商品的重量，自然就不会增加运费成本了。网店经营者只要使用厚实的塑料袋来包装即可，当然，装入塑料袋之前，网店经营者要把商品尽可能地弄整齐。

还有一种商品类型是软硬结合的，网店经营者可以在商品的外面包一层包裹布或带泡泡的塑料布，这样的做法虽然比较浪费时间，不过可以对商品起到一个很好的保护作用。

二、选择快递公司

可供网店经营者选择的快递公司有很多，比较知名的有顺丰、EMS 和韵达等，但是网店经营者在选择快递公司时要货比三家。例如韵达快递一般 15 元，速度也比较快，最多 3 天就能够到达；汇通快递一般只要 8 元，但是速度比较慢，一般要 4 到 5 天才能送到。所以，相对而言，韵达快递还是比较快的，但是韵达快递的运费比较高，不过韵达快递可以砍价，除了云南、广西、新疆等偏远地区，其他地方全可以砍到 10 元，有时候超重都不另外收钱，总的来说服务还比较不错。网店经营者在使用快递公司邮寄商品的时候，要注意以下几点：

1. 不要长时间使用同一家快递公司

如果一次性发货量比较多，网店经营者可以使用一些小计策，譬如在取件的时候，让一家以上的快递公司之间“撞车”。为了获得网店经营者这笔生意，他们会产生一场价格战和服务战。这对于网店经营者来说，利于他们之间的竞争，是减少邮费成本的有效方法。

2. 不要贪图便宜

有一些快递公司比较便宜，邮费甚至低到 6 元，但是这样的公司有可能是联盟性质的小公司，不仅速度慢，还有一定的危险性，会出现包裹丢失的现象，并且无从查起。

3. 弄清楚快递公司的发货时间

有些快递公司会告诉网店经营者货物的发货时间，而有时候因为快递员忙不开，就会推迟发货时间。这样会导致买家对网店经营者的不信任，形成一次性消费的状况。所以网店经营者要弄清楚快递公司的发货时间，实在达不到自己的要求，就换一家快递公司。

4. 同城快递

如果网店经营者和买家同处一个城市，网店经营者可以找比较小的私人快递公司，这样的快递公司一般使用私人汽车甚至摩托车来运送，速度比较快，而且有很大杀价空间，可以节省很多的邮费成本。

5. 因熟而失礼

如果快递员感觉到网店经营者对自己的服务比较满意，时间久了，难免会有些懈怠，导致取件不守时、发件拖延等问题。所以网店经营者最好不要表现出过分的信任和宽容，以免快递员“因熟而失礼”，影响自己的商业信誉。

三、人际关系处理

网店经营者在和快递公司合作的过程中，一定要和快递员维系好关系。

在理论上，虽然网店经营者是快递公司的顾客，但是他们的顾客很多，并不怕流失一两个，所以和快递员维系好关系还是很有必要的。人往往是懂得感激的，在炎炎夏日，一杯凉开水就可能赢得他们的好感。如果和他们的关系处理好了，就会有以下两点好处：

1. 快递费用打折

网店经营者在刚开始和快递员合作的时候，快递价格往往比较高，如果和他们关系好了，就会有一定的杀价空间。

2. 其他服务咨询

如果和快递员的关系处理好了，在和其聊天过程中，他们就有可能会透露一些对网店经营者至关重要的快递相关知识，毕竟他们才是行中好手，这比去百度搜索和去论坛询问要快得多、准确得多。

网店盈利箴言

在经营网店的过程中，邮费是一笔比较大的开销，经营者学会合理控制邮费的成本是提高网店利润的关键之一。

学会简单的记账方法

经营者在网店刚刚起步的时候，并没有实力雇请专业的财务人员来帮助其管理账目，所以网店经营者只能自力更生，自己学习简单的记账方法，这样可以使店铺的盈亏一目了然。但是如果网店经营者的实力达到了，就要雇请专业的财务人员来记录账目，专业的财务人员记录的账目会更详细、更规范，也更精确。

网店经营者自己必须明白，赚了多少，亏在哪里，所以账目必须清清楚楚。网店经营者不是专业的财务人员，不用做专业的“资产负债表”和“损益表”，但可以用“利润 = 收入 - 成本 - 费用”这样一个简单的公式来计算，很多网店经营者往往只计算了成本这一项，却忽略了重要的费用这一项，所以算出的利润是不精确的，只有扣除了所有的成本后得出的数字才是纯利润。

有些网店经营者认为自己网店内的商品数量很少，每天的销售额也很低，甚至有时候还是零销售额，因此没有必要记账，但是当自己的网店成长到每天要面对店铺里成百上千件的商品出售、成交笔数上百的时候，以前的工作方式就适应不了现在的网店情况了，所以，记账就变得非常重要了。但是如果网店经营者从一开始就没有养成记账的习惯，不知道该如何记账的话，就不利于网店的长远发展了。所以，网店经营者从一开始就要学会一些简单的记账方法。

网店的库存统计单可以体现很多东西，譬如网店每天卖了多少件商品、一个月总的销售量是多少、获得的利润又是多少、库存积压了多少资金和在赠品包装及邮费上的支出是多少等。网店经营者没有必要把自己当成超人或者是全能冠军，但是如果想做一个优秀的网店经营者，特别是渴望在经营网店这个项目上赢得比较大的利润的，就必须有十八般武艺在身。机会往往喜欢降临在有准备的人身上，只有网店经营者具备很多成功的素质，当机会来临的时候，才能厚积薄发，迎来辉煌。

财务管理是一个专业的学科，大多数网店经营者都不是这方面专业的人才，没有掌握特别专业的知识，不过只需要掌握一些基本的东西，能便于管理自己的网店，使它不至于是一本糊涂账就可以了。这里讲的“财”的管理，也特指与商品有关的财务管理，主要指利润空间的管理。只要网店经营者学会了简单的记账方法并按照方法实施，网店的盈亏就可以从数字上看得清清楚楚。

其实网店经营者可以使用专业的管理软件来管理网店的账目，但是很多网店经营者都觉得太复杂，还是比较习惯使用 Excel 表格来进行简单的统计。但是记账的最终目的是了解网店的盈亏状况，只要能达到这个目的，网店经营者也可以依据自己的实际情况和网店的实际情况使用自己的方法，譬如把销售和库存整合在一个文件里，做成了一张涵盖每日进、销、存的统计表。

有些网店经营者用的是表格式管理方法，但是和涵盖进、销、存的统计表比较起来，还是有很大区别的。前者是比较笼统的管理，主要是对店铺的库存、客户和大致的盈利情况进行统计和管理，而后者是按每天的销售情况进行细分和统计的管理。这两种方法各有利弊，网店经营者可以根据自己的需要来选择使用，或者两者结合起来使用，只要能达到管理网店的目的即可。

网店经营者可以建立一个 Excel 文件，只要进一次货，就把进货的情况输入进去，这些情况包括商品的品牌、名称、规格及数量。有了这些数据，会自动生成一个最新的库存数据，要想知道网店积压了多少库存，只要查看这个 Excel，就可以看得一清二楚。

网店经营者每天都把销售商品名称（如果网店购进新的产品类型，网店经营者要把商品名称填入表格内）、销售产品数量、进货单价、销售金额等的数据输入表格以后，系统会自动生成一个利润，进货数量和库存数量都会产生相应的变化，网店经营者要想知道商品的库存量是多少，是否需要补货等信息，从这里都可以了解到。如果网店经营者每天都把销售情况和进货情况记录得如此详细、完整，且每月都进行一次周期性的大盘点和大整合，每月的盈利状况都可以一目了然了。

前面我们讲过成本的构成，也知道成本的构成因素是哪些，网店经营者要把它体现在账目中。要想知道自己的纯利润，还需要把所有支出都扣除掉。譬如我们在前文讲到了邮费的合理控制，因为它是网店成本的一个重要组成部分，这些费用直接影响到网店的收益，所以网店经营者也要把每天产生的邮寄成本记录下来，看看我们在什么地方支出了一些什么费用。

网店盈利箴言

网店经营者想要把网店经营好，就一定要学会简单的记账方法，并且能找到一种简单易行的管理店铺收支的方法，否则难以了解网店的整个经营状况和盈损情况。

在选择和进货时的防骗技巧

现在网上创业是很火的一个创业途径，很多人都想借着电子商务的浪潮来让自己成为互联网时代下的一个宠儿。很多骗子就抓住了创业者们的这种心态，开始作恶、行骗，致使很多满怀热情的创业者掉入了他们的圈套里，既损失了钱财，又对互联网创业失去了信心。

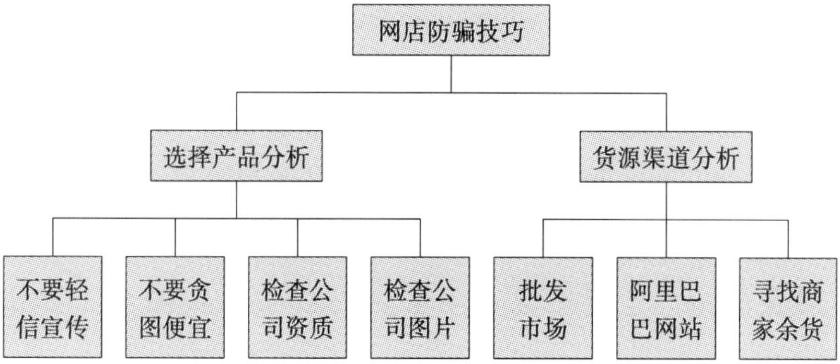

为避免上当受骗，降低运营风险，网店经营者一定要学会网络防骗技巧。网店经营者不仅仅要学习在网店运行过程中的防骗技巧，还要掌握在选择项目时的防骗技巧。

一、选择产品分析

1. 不要轻信宣传

任何一个项目的运营都需要投入成本，即使是很简陋的骗子公司也是有运营成本的，而且每个环节都存在一定的风险性，因此，任何项目的实际收入都不会像骗子公司宣传的动辄月收入上千万的那样高，所以网店经营者在选择项目时，看到那种月赚几千万、几百万的项目就直接不用考虑了。

在网络如此发达的今天，网店经营者要是看中了一个项目，一定不能被虚假宣传所误导，要通过网络或者其他方法和途径对其进行“摸底”，如果项目的描述和了解到的信息不符，那网店经营者就要小心了。

2. 不要贪图便宜

如果网店经营者要选择一个比较知名的品牌项目来作为自己以后经营

商品的供货商，那么首先要面对的一个问题就是加盟费。

不论是网站建设、服务或者是技术支持，都需要成本。加盟企业首先要做的就是回收成本，而回收成本的主要途径就是加盟费，再加上适当的利润空间。一个好项目的加盟费一般都不会很低。因为一般收取加盟费比较高的品牌，在经营过程中，利润都是比较高的，因为那个牌子确实值那么多钱。那么如果一个项目品牌的加盟费用很低的话，一般纯粹是为了骗加盟费用。所以网店经营者千万不要只图加盟费用低，要综合考虑以后再做决定。

3. 检查公司资质

很多骗子公司也会挂着营业执照、税务登记证、组织机构代码证和验资报告这样的资质证明自己公司的“合法性”，而这些证明并不能证明企业实力，所以网店经营者不能被这些骗子误导，要仔细检查公司的资质证明。如果一个公司没有办法证明自己的合法性，那么网店经营者就完全不用考虑这个项目了。

4. 检查公司图片

一个真实的公司或者真正有实力的公司，一定会在自己的网站上放上自己公司的照片。这不仅仅可以展示公司的真实状况，还可以作为公司成长的见证。如果网站上没有提供公司的照片，或者提供的照片质量不高，网店经营者也不用考虑这个项目，因为这些状况都从侧面在一定程度上反映了这个项目的真实情况。

二、货源渠道分析

除了上面所说的关于选择项目的防骗技巧，网店经营者最关注的还是关于网店货源方面的一些防骗技巧。

每个网店经营者都有自己比较中意的进货渠道，但不外乎是批发市场、阿里巴巴网站，或者直接和商家接触，用他们的余货。不管商品来源于哪里，网店经营者开网店的最终目的就是盈利，为了避免上当受骗，找到质量最好的商品、寻找合适的货源，肯定是网店经营者最重视的问题之一了。

1. 批发市场

因为厂家是一手货，所以价格比较便宜，但是他们都有大客户，所以一般也不和小客户合作，所以一般网店经营者的货源渠道还是来源于批发市场。

（1）批发市场的商品种类多、数量充足，网店经营者有很大的挑选余地。

（2）批发市场进货时间和进货量都比较自由，很适合兼职的网店经营者。

（3）批发市场的商品价格相对而言比较低，网店经营者的利润空间比较大，容易实现薄利多销，也有利于网店交易信用度的累积。

在去批发市场进货的时候，网店经营者一定要多看、少说、勤比较，要把市场摸透，了解清楚市场的布局、店铺的分布以后，再货比三家，最后再决定选择哪一家商品。在货比三家的过程中，为避免供货商“因人而议”，或者样品和供给商品质量、款式有所差异，网店经营者不要过多地追问一些无关的问题，只要把注意力摆在货物上面就行了。

2. 阿里巴巴网站

全国最大的批发市场都主要集中在几个城市里，如果网店经营者千里迢迢到这几个批发市场进货的话，就会很浪费时间，而且交通费用也会减少利润空间。阿里巴巴作为网络批发的一个平台，具有很大的选择空间，网店经营者不仅仅能很方便地在这个平台上查找信息，还能享受到网站专门为小卖家提供的相应的服务，且起拍量很小。

（1）阿里巴巴不仅有批发进货，还有小额的拍卖进货。

（2）网店经营者在阿里巴巴网站进货时，最好选择支持支付宝或是诚信通会员的产品。因为阿里巴巴推出诚信通已经 4 年，如果诚信通会员是两年或是三年以上的，诚信通指数达到近百或是上百的，都是比较值得信赖的，不过，这也只能作为一个参考，具体还是要看沟通。

（3）和商家商量时应尽量使用贸易通，如果有什么纠纷，可作为证据之一。

（4）阿里巴巴具有强大的搜索功能，进货时可以最大限度地进行货比三家。

（5）第一次进货的时候也可以选择本地厂家或是公司，这样方便上门取货。

网络进货和在批发市场进货不一样，存在着一定的虚拟性，所以网店经营者在选择供货商的时候一定要谨慎，一定要选择比较可靠的供货商来合作。

在网上进货的时候，网店经营者要注意查看供货商的资质，因为有些不法商家会冒充知名品牌，将一些不合格产品当做知名品牌的商品进行销售。如果网店经营者落入圈套，就是一笔损失。

3. 寻找商家余货

在这里的商家所指的是商品较大的卖家，比如说外贸服饰加工厂或是批发商。有些比较大的批发商会有一定量的库存积压，有时积压的商品甚至还是名牌商品。虽然款式不是最新的，但是它的名牌效应还在，所以网店经营者如果能寻找到好的商家余货，也是一个不错的货源渠道。

（1）一般市场对商家余货的需求量还是比较大的，余货的品质也有一定的保证，属于中高档的商品，在网络交易中很容易获得买家的好评。

（2）一般有实力的商家都有一定的出货渠道，产生余货的可能性相对较少，所以竞争小，竞争力却很强。

和批发市场、阿里巴巴网站相比较而言，商家余货在几种货源中算是很难找到的，尽管很多厂家会有库存积压，但是网店经营者想找到也不是很容易。

在和这些实力比较雄厚的厂家合作的时候，也要查看他们的资质，因为在现实世界中滥竽充数的厂家并不比网上的少。

网店盈利箴言

只有掌握好选择产品与进货时的防骗技巧，网店经营者才能降低运营风险，踏踏实实地做好网店。

盈利关键8

酒香也怕巷子深：再好的商品也需要宣传推广

明确经营方向和范围

开网店和开实体店是完全不一样的。只要店铺的位置不是太差，实体店的小生意就可以不错，店内商品就算很大众化，一样可以赚得盆满钵满。而开网店就不一样了，不仅要有很好的服务质量，还要有充满特色的商品。所以网店经营者不仅要不断加强自身的服务质量，还要明确网店的经营方向和范围。

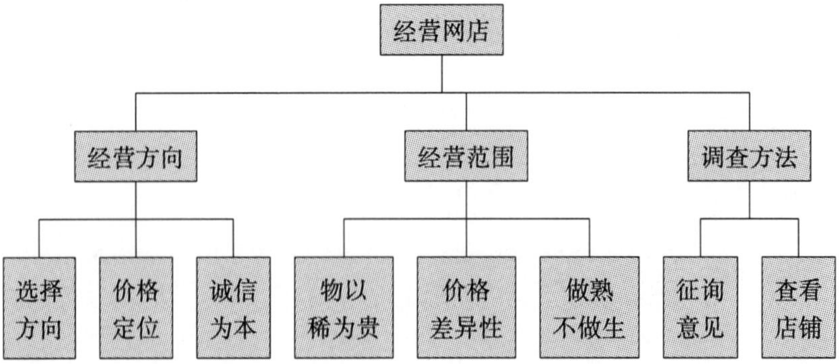

一、经营方向

1. 选择方向

网店销售的商品最好是找在实体店不容易买到的商品，例如特别的五金工艺品、五金工具等。一般会买这种一般人不会买的商品的买家已经可以称之为“发烧友”了，他们一旦找到一个不错的网店，只要商品质量好，网店经营者服务态度好，彼此就会合作得很好，那网店的生意就能细水长流，回头客不断了。这种买家很容易成为网店的稳定顾客源，所以网店经营者在选择经营方向的时候，可以考虑选择别人不容易找到的特色商品，但是一定要保证商品的质优价廉，这样才能吸引买家的眼光，留住买家的脚步。

2. 价格定位

网店没有店面租金和工商税务，所以，只要有不错的货源，利润空间还是比较高的，因此，商品价格就一定要比实体店低。网店经营者不能太贪婪，这样才能细水长流，只要价格合理，加强服务质量，很容易培养一批固定的客户源。

3. 诚信为本

网店的经营者必须重视信用，还要及时、坦诚地回答买家的留言，解除买家的疑虑，只有良好的信誉，才能增加买家的信任感，才能赢得更多的稳定客户，才能带来滚滚利润。因为做生意和做人一样，唯有诚信，才能立足。

二、经营范围

1. 物以稀为贵

“物以稀为贵，食多无滋味”，网店经营者在确定经营范围的时候，选择的商品一定不能是随处都可以买到的东西，因为在网上买东西不像在实体店买东西，只要付了款就可以立即拿到商品。在网上买东西，不仅收货时间要比在实体店慢很多，还要支付邮寄费，折合算起来价格就比实体店要高了，所以大众化的商品在网上比较难卖出去，即使卖出去，利润空间也比较小。因此，网店经营者要学会运用差异化的竞争策略，找一些比较“稀罕”的商品来作为自己网店出售的商品。

2. 价格差异性

许多商品在不同的地区价格差异会很大，譬如电器产品在广东等沿海城市要比在内陆便宜许多，而收藏品在北京和西安等古都城市又比在沿海城市便宜很多，所以网店经营者可以应用成本领先策略，找找自己身边盛产而其他地方没有的商品，充分利用自己的优势，利用地区价格差异来赚钱。

3. 做熟不做生

作为一个生意人，网店经营者肯定要具备一个生意人该具有的机敏的头脑，一个机敏的人通常不会主动暴露自身缺点，更不会在选择经营范围时，轻易涉足自己不熟悉的领域，因为不管在任何时候，学会淋漓尽致地发挥自己的特长都是最重要的。

网店经营者在选择经营范围的时候，尽量要选择自己熟悉或者擅长的行业，这不仅仅可以减少运作的盲目性，还能加快网店步入正轨的速度。

三、调查方法

1. 征询意见

网店经营者如果有比较好的想法或者样品，可以说给亲朋好友听一听或者拿给他们看一看，让他们从消费者的角度说说意见和建议；如果可以请教一些行业人士与专家，听听他们的意见，那对经营者的帮助会更大。

在做这项调查的时候，忌讳经营者有“他们不会上网，那他们就不是我的客户，我就不用调查他们”这样的想法，因为“他们”什么时候成为热衷于网购的人，谁也不知道。

也不能依据调查出来的结果而盲目选择。因为网店只是一种营销的渠道，并不是说在实体店卖不出去的东西，放在网店就能销量很好，也不是说在实体店销量很好的商品，放在网店也能畅销。所以网店经营者在做调查的时候还是要认真考虑各种因素的。

2. 查看店铺

网店经营者还可以上网查看别人的网店里是否有这样的产品出售，如果有，那就说明这类产品有市场，但这样的市场是否适合自己，还要看网店经营者的商品是否具有产品特色和不一样的优势，可以从价格、影响力度和性价比等几个方面来考虑。

如果各方面调查的结果都比较好，那么这类商品就能形成一定的购买市场，在一定程度上就有比较强的竞争力，这就形成了差异化的竞争，形成了网店经营者的核心竞争力。

网店盈利箴言

良好的开头是成功的一半，如果网店经营者在一开始确定经营方向和经营范围的时候就没有做好，那么以后的经营将会有很大的隐忧。

网店推广十项基本功

成功没有捷径，也没有偶然，只要是成功的人，就一定是基本功很扎实的人。那作为一名网店经营者，要掌握哪些基本功才能把网店经营得风生水起呢？

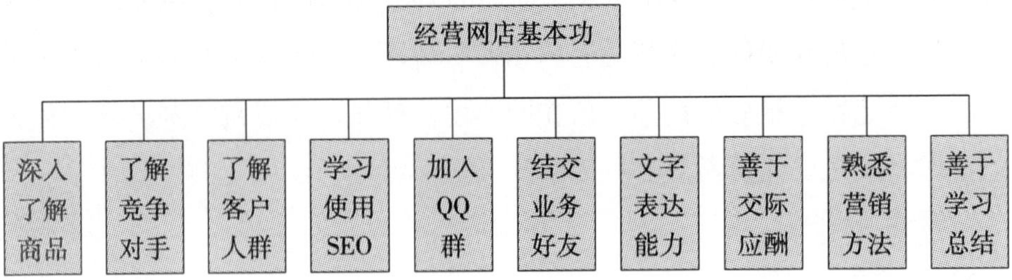

一、深入了解商品

网店经营者要从定位、特点、优势等几方面来了解自己店内的商品，只有深入了解了自己要推广的产品，才能设计出最适合自己网店的推广方案，才能使推广效果达到最好，才能把自己的网店经营好。

二、了解竞争对手

俗话说“知己知彼，百战不殆”，光“知己”还不行，充其量只是闭门造车，要达到“百战不殆”，不仅仅要做到“知己”，还要做到“知彼”才行。

对于网店经营者来说，重点是要了解竞争对手的推广形式。如果是比较好的经验，网店经营者可以效仿、借鉴；如果是失败的例子，网店经营者则要避免重蹈覆辙。

最重要的一点就是“知己知彼”可以避免在推广的过程中与之发生冲突。譬如竞争对手近期正在精心策划一个微博征文活动，如果网店经营者在这一个时间段内也弄一个和他们一样的活动，效果大打折扣不说，还有可能会被人怀疑是剽窃别人的创意才能进行这个活动。为避免这类情况的发生，网店经营者一定要做到“知己知彼”。

三、了解客户人群

网店经营者一定要多花点心思去了解客户人群，包括他们的年纪、行为特征、喜好、常去的网站和偏好的商品类型等。因为经营网店的最终目的就是吸引顾客到自己的网店里来购买商品，所以网店经营者不仅要对潜在顾客群进行了解，还要对已有客户进行了解，比如他们最近想买什么样的产品、喜欢什么类型的产品、价格大约是多少等；对于流失的客户，网店经营者也要想办法知道他们离开的原因，以便自己在这方面可以多加注意。

四、学习使用 SEO

SEO 是较为流行的网络营销方式，主要目的是增加特定关键字的曝光率，以增加网站的能见度，进而增加销售的机会。通过了解各类搜索引擎如何抓取互联网页面、如何进行索引以及如何确定其对某一特定关键词的搜索结果排名等技术，来对网页进行相关的优化，使其提高搜索引擎排名，从而提高网站访问量，最终提升网站的销售能力或宣传能力。

所以，把 SEO 做到位，其宣传效果绝对是传统宣传方式的百倍、千倍。所以在条件允许的情况下，一定要了解、学习 SEO。

五、加入 QQ 群

如果网店经营者只是躲在一个小圈子里是很难扩大生意范围的，所以要多和别人交流，只有在交流的过程中才能发现商机。

网店经营者可以使用微博、QQ。这里说的微博和 QQ 是指对工作有帮助的行业群。加的群越多不代表工作做得就越好，但至少证明网店经营者一直在寻找扩大生意范围的机会，学习营销知识，不断扩展人脉。重要的不是网店经营者怎样做，而是做的目的是什么。

六、结交业内好友

“朋友多了路好走”这句话说得没有错，朋友是一种资源，业内朋友更是如此。在和业内朋友交流的过程中，不仅能学到很多新东西，还能及时了解行业内的资讯。在互联网时代，不要做孤胆英雄，合理利用资源，精诚合作才是王道。

七、文字表达能力

对于网店经营者来说，优秀的文字表达能力是必须具备的。经营网店肯定要写一些帖子，光靠借鉴别人的稿子终究不是好的办法，具备原创能力才是更省时省力的做法。

八、善于交际应酬

经营网店离不开与人打交道这项工作，包括对内交流与对外交流两种，所以必须要掌握交际技巧。同时网店经营者还要懂得做人，买产品就是在买人品，如果别人都对网店经营者的印象分很低，那么网店的生意不会很好。所以，网店经营者一定要善于交际应酬。

九、熟悉营销方法

很多人认为经营网店很简单，只要进货和邮寄货物就可以。其实不然，当网店经营者实践经验积累到一定程度时，就会对市场有一个新的认识，就会发现经营网店并不简单。当网店经营者尝试的方法多了的时候，针对不同的商品、不同的时间段、不同的顾客类型，才能拿出不同的最佳方案。

十、善于学习总结

电子产品更新换代的速度非常快，所以使用方法变换的速度也非常快，因此网店经营者一定要善于学习新知识、新技术。单纯的学习还不够，经营者应该每隔一个时间段就进行一次自我总结分析，当所谓的经验经过提炼后，才能真正变成属于自己的东西，才能真正变成对自己有价值的东西。

网店盈利箴言

办个网店很简单，但办好一个网店却很难。经营者要想把网店经营得风生水起，就要不断地学习、分析、积累，提升自身能力，适应外界环境的变化，也只有这样才不会被对手击倒，才能更快地壮大自己的店铺。

网店推广的三个阶段

网店需要推广，很多经营者一直致力于做到物美价廉、服务良好，但是生意却一直不好的原因便在于此，他们不懂得推广。

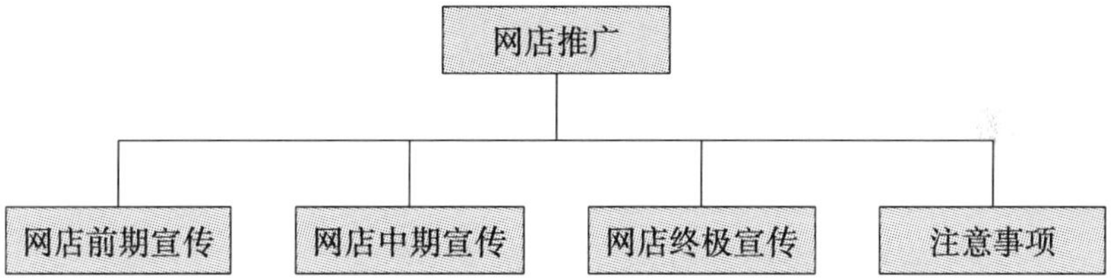

其实网店的推广宣传也是要分阶段进行的，同样是成功的经验，用在不同的阶段可能就会失败，网店的推广是需要对症下药的。

一、网店前期宣传

网站前期的宣传主要着重在网店本身的设计方面，打好基本功，只有根基牢了，才有利于接下来的宣传。前期的宣传主要从三个方面考虑。

1. 网店的定位

在网店建设之前，网店经营者必须为网店选一个有特色的店名，要对网店有好的定位，要有自己有特色的产品，要找到好的货源，这样才能让买家迅速记住你的网店，才能有竞争优势。

2. 网店的装修

人靠衣装佛靠金装，一个好的页面展示，能带给买家一个良好的消费体验，会让买家在店里停留的时间更长，增加他们消费的可能性。所以，一个装饰精致的店面，对于网店来说，是至关重要的。但是网店经营者要考虑装饰风格和自己的产品特性是否相吻合。

3. 网店的客服

客户如果在网店内看中一件商品，一般会联系在线客服，询问一些关于商品的相关信息，因此，在网店上一定要有 QQ、手机、旺旺等联系方式，以便可以随时回答买家的问题，促成订单，增加销售额度。

4. 设置 FAQ

FAQ 就是经常问到的问题。

很多用户的问题都大同小异，为减轻客服的压力，也便于客户自己去查看相关信息，网店经营者一定要在页面上设置 FAQ。

二、网店中期宣传

1. 优化网店关键词

很多消费者在买东西的时候都会习惯性地在百度等搜索引擎上输入关键词搜索相关资料，因此，网店经营者必须做好网站的关键词优化。

网店经营者在网店的设置过程中，可以对整体页面、类别、具体商品都进行优化，尽量使用买家比较常用的词，也要尽可能详细地描述商品。

2. 及时通信的推广

QQ、MSN、旺旺等及时通信上的签名可以迅速地把网店的相关信息发布出去，网店经营者要尽量多地加 QQ 群，可以在 QQ 群里面发布相关优惠信息。不过网店经营者不能一上去就发广告，这样会引起别人的反感。

3. 博客论坛的宣传

每个行业都会有自己的专业论坛，网店经营者可以去这些论坛多和业内人士互相交流，把自己的论坛签名设置成自己网店的相关信息。或者开设自己的博客，写与自己卖的产品相关行业的文章。

4. 促销宣传

中国的节日有很多，中国人民也都比较重视，网店经营者可以好好利用每个节日来做促销和宣传。在节日期间，网店可以多办一些打折优惠或者捆绑销售的活动，这样会给网店带来更多的客户。

三、网店终极宣传

终极宣传的目标就是要让买家成为自己的忠实客户，这就要求网店经营者必须做到以下几点：

（1）学会分析买家的特点，包括他们的年纪、职业、年龄、爱好和这些买家经常在自己网站上买的商品是什么等，网店经营者要有针对性地给他们发相关商品的优惠信息。

（2）在顾客生日或者节假日的时间，送上自己的祝福，哪怕是一句 QQ 问候语；网店经营者还要和这些买家多交流，利用口碑营销，让这些买家给网店带来更多的客户；为了达到宣传效果，在为买家寄商品的时候，一定要送上一些小礼物和自己网站的宣传资料或者优惠券。

网店推广的方法有很多。每个人的方法也不尽相同，这些只是冰山一角，做网店推广最重要的不是这些方法，而是网店经营者要用适合自己的方法坚持做下去，再加上注意一下下面要说的小细节，再有比较强的执行力，网店的推广才能真正出现效果。

四、注意事项

1. 勿发重复信息

并不是发布的信息越多，买家看到的几率就会越大。当买家进入店铺看见店铺大量的重复信息时，要么觉得不耐烦，要么产生怀疑，认为网店经营者在胡乱发信息，不敢轻易相信店铺信用。

2. 标题要简单明了

标题要简单明了，尽量用一句话就能说明产品的特点，因为买家会点击查看商品的详细信息，太繁琐或太简单的标题都不利于产品推广，也会让买家失去耐心。

3. 详细描述要详细

一般会看详细描述的买家，都是对商品产生了一定的兴趣，所以网店经营者要抓住机会，尽可能在详细描述上做文章，一般而言，要把详细描述写得越详细越好。对商品的描述要渗透到各个细节，描写的辞藻不要太过晦涩，这样会让买家失去继续了解的耐心。

4. 图片质量要高

第一印象很重要，毕竟买家在网上无法看到实物，如果一个产品有广告般质量的配图，给买家的吸引力就大大增加了。反之，给人的第一印象就差了。

5. 更新要及时

网店经营者还要及时更新店内的商品信息，如果有新品上架，但是没有体现在店内信息上，顾客也不会知道店内有什么商品；而如果店内的某种商品断货了，网店经营者也没有及时更新商品信息，会造成买家的误会。

6. 关键词很重要

关键词应该包含产品的专业名称和更宽泛层次上的名称，甚至是大类的名称，这样被搜索到的机会将会加大。

网店盈利箴言

做网店推广时，网店经营者要针对网店不同时间段的特点，结合网店的自身特色来对症下药，切勿胡搬乱套。

网店推广的要点和技巧

酒香也怕巷子深，如果不能让别人知道，即便再好的网店，它的生意肯定也好不起来。因此，一个成功的网店经营者肯定是一个能用心做好网店推广的人。

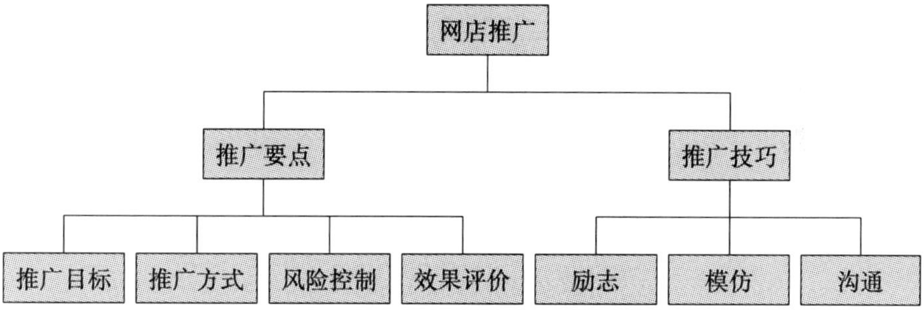

一、推广要点

1. 推广目标

推广的目标就是通过各种推广手段，让大多数人知道这个网店的存在，了解网店是什么样的，做什么样的产品，有什么样的售后服务，在同行中所处的地位，从而把网店经营者的店铺提升到一个新的台阶。

2. 推广方式

（1）每天在国内百度帖吧、天涯社区、百度知道、天涯问答、猫扑、网易社区、网易博客等各大主流论坛发帖，编写各种与店铺有关的文章或者软文，也可以说明店铺最近在举办什么活动，如消费金额达到一定数额就可以减免多少钱或者购买几件正价商品就可以赠送一个价值多少元的礼品等。

（2）在口碑网、QQ 群等各种社区圈子推广你的店铺。

（3）主动发表与店铺有关的提问，可以自问自答，也可以回答别人的问题，并在问题首页作出回答。

（4）登陆各种免费搜索引擎，参与百度、谷歌竞价排名。对于主要网站上的帖子进行长期跟踪，维护帖子和及时回答买家的问题，并收集整理相关的客户资源。

3. 风险控制

网店虽然不像实体店一样有房租的投入，但推广工作还是要投入资金的。“舍不得孩子套不住狼”，如果网店经营者推广有方，回报肯定大于投入。网店经营者最好请专业的人员来推广，这比网店经营者盲目推广的效率要高。

网店经营者还要计算好前、中、后各期要投入的金钱，做到心中有数，因为网上推广排名竞价很高，所以一定要控制好风险。

4. 效果评价

网店经营者要定期查看推广效果，改进或者取消效果不佳的推广手段，加大在效果明显的推广策略上的投入比重，保证推广工作的正常、成功运行。

二、推广技巧

1. 励志

新店铺刚开张，难免会遇到各种困难，这时网店经营者就要坚定信心，千万不能“壮志未酬身先死”，要知道输给别人并不可怕，可怕的是输给了自己。

淘宝是一个营销平台，大家都可以自由发挥。别人可以做到的，为什么你就不行呢？所以网店经营者要经常给自己打气，增加自己的信心，增加自己的创业激情。

2. 模仿

孔子曰：“三人行，必有我师。”同行业那么多的竞争者，他们每个人都有自己优秀的一面，都可以成为网店经营者的老师，不管是店铺装修知识，还是商品的介绍，或是管理技巧，网店经营者都可以学习模仿，灵活运用。不过别人的也不一定都是优秀的，网店经营者一定要择其善者而从之，其不善者而改之。

3. 沟通

沟通可以留住买家的脚步，沟通可以促进买卖的成交率。

（1）热情主动。

开网店的商家主要是通过打字和客户交流，客户看不见商家的面部表情，所以在和客户交流的时候，商家要尽量热情主动一些，打字的时候可以多带上开心的表情符号，以带动买家的心情。

（2）多用肯定的说法。

向买家介绍产品的时候要尽量多用肯定的说法，避免模糊的说辞。如果模糊的说辞太多，会让买家认为网店经营者对自己的产品没有信心，继而推出产品本身质量不过关的结论。因此，多用肯定的语气才会让成交量大大增加。

（3）详细介绍。

网店经营者向买家介绍产品的时候，不要说得太简短，要尽量说得全面一点，买家不会认为啰唆，反而会留下好印象，觉得卖家细心周到，成交的可能性会大大增加。

（4）不要让买家自己去看描述。

一般买家之所以会向网店经营者提出问题，是因为已经对网店内销售的产品产生了兴趣，这时候如果网店经营者不能耐心回答买家的问题，而让买家自己看商品描述，就会让买家对网店经营者的印象大打折扣，而且很有可能会丢失订单。

网店盈利箴言

网店经营者只要用心做好网店推广，店铺盈利自然不是梦想。

网店经营有妙招

在网上经营店铺是有技巧可循的。有的人掌握了技巧，因经营网店而发家致富；也有的人始终不得要领，因经营网店而赔得血本无归。

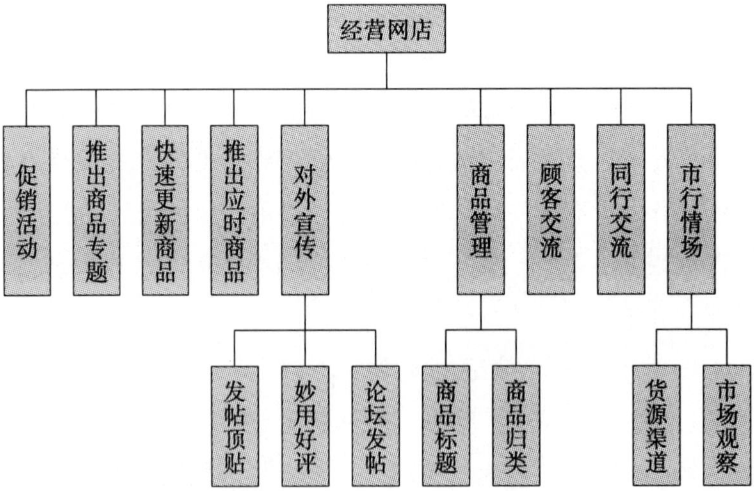

一、促销活动

网店应该经常性地开展一些促销活动来吸引买家光顾，例如开展买一送一、赠送小礼品、免运费、幸运抽奖等方面的优惠措施。如果网店做到一定规模，拥有稳定的顾客群，还可以开展联谊会等网下聚会活动，以进一步增加网店的黏性。但是不管开展的是什么样的活动，都要保证活动的真实性，不能是噱头。

二、推出商品专题

所谓商品专题，就是把同属一个种类或者是几款具有相同特点的商品汇集到一起，并且重点介绍。这样做的优点是方便买家查询，也更加吸引买家，可以提升成交率。

三、快速更新商品

店内的商品不能很长时间都不改变，如果买家每次进入店铺都是那几件商品，时间长了，买家会觉得该店铺没有新意，也就失去了进入店铺的兴趣。

反之，如果买家每次进入店铺都会发现不一样的东西，他们就会觉得网店经营者在采购货源方面实力很强，更重要的是，买家会觉得很有乐趣，以后会更愿意进入这个店铺，这就大大增加了店铺的浏览量，也会提升成交率。

如果网店经营者无法做到频繁地更新店内商品，可以减少每次更新的数量，但是不可以减少更新的频率。

四、推出应时商品

这里的“应时”不仅仅是指节假日，社会热点也同样可以。就是说网店经营者不仅仅可以在情人节之前推出有关情人节的产品，例如情侣手机，还可以结合美国总统奥巴马连任的新闻来推出产品，例如印有奥巴马头像的衣服。

五、对外宣传

1. 发帖顶帖

网店经营者要经常发帖，还要经常回帖。网店经营者在发帖时要注意尽可能放在帖子的第一页，因为精华帖子的第一页受关注的程度比较高。

网店经营者在多发帖子的同时，还要多看一些帖子，看到好的帖子一定要顶，如果成为精华帖了，更要隔一段时间后多多顶上去。

2. 妙用好评

一般在和买家交易成功以后都会有评论，在给买家评论的时候可以在评价后面加上店里卖的商品，这样也可以大大提高成交率。

3. 论坛发帖

网店经营者在不违反网站规定的前提下，经常到网易等知名网站的论坛上发帖，很可能会有意外的收获。

六、商品管理

1. 商品标题

有些网店经营者认为商品的标题不是很重要，可是很多买家买东西都喜欢输入关键词，所以是否有一个好的、全面的标题决定了你的商品被搜索的概率，所以网店经营者一定要为自己的商品设定一个全面的、好听点的标题，这样销售的机会才会多，成交率才会高。

2. 商品归类

把商品归类得细致一点，不仅方便自己整理商品，还会显得店里面的商品种类很齐全。

七、顾客交流

不要放过任何一个买家，要耐心地与他们交流，必要时可以适当给予对方相对优惠的价格，因为这样做很有可能就培养出了一个忠实客户，以后可能会为网店经营者带来更多的利润。如果碰到爽快的买家，更应该使出浑身解数留下他。

八、同行交流

网店经营者要多和同行交流，了解一下市场行情，并且尽量和他们形成合作关系。

九、市场行情

1. 货源渠道

很多网店经营者认为和已有的供货商合作得很好，不想再找其他的供货商，但是可能还有比已有供货商服务质量和产品质量都更好、性价比更高的供货商，所以，网店经营者要不断了解市场行情，通过对比，找到服务质量和产品质量更好、性价比最高的供货商。

2. 市场观察

很多东西在不断变化，网店经营者要多跑市场，多跑关系，了解最近的流行趋势，店内商品不能长期一成不变或者过时。

网店盈利箴言

做得好也要做得巧，经营者想要把网店开成功，除了需要持之以恒的毅力之外，更需要的是经营网店的技巧。

网店如何进行“秒杀”促销

“低价”两个字对于买家来说，永远都充满着无穷的诱惑力，因此，对于网店经营者来说，促销永远都是最有效的盈利手段。

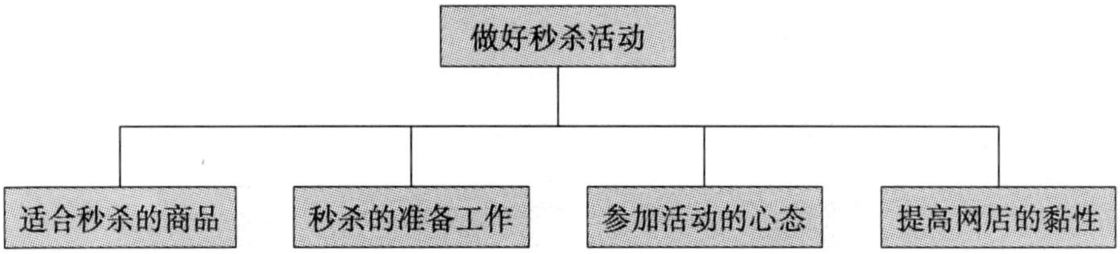

网络上频频出现的“秒杀”促销活动，超低的价格成功吸引了买家的到来，并让买家们欣喜若狂。由于买家喜欢这样“秒杀”，网店经营者们当然就乐于进行这样的促销活动。那作为一名网店经营者，怎样才能做好自己的“秒杀”促销活动呢？

一、适合“秒杀”的商品

适合参加“秒杀”活动的商品要符合以下特点：

1. 价格要够震撼

既然是“秒杀”，参加“秒杀”活动的商品价格就必须要足够震撼人心，能够让买家看见商品的价格就神经振奋，疯狂购买，一个不痛不痒的价格显然无法做到这些。

但是对于网店经营者来说，把价格降低到白送的程度也是不可能的，所以网店经营者必须研究参加“秒杀”活动的商品到底以什么价格参加活动才是最佳的。

2. 商品要受欢迎

假如网店经营者经营网店的时间不长，甚至是刚开始营业，没有固定的客源，那么参加“秒杀”活动的商品就不要选择一直没有人关注的商品。因为没有被买家评论过好坏的商品，是很难让买家信任的。

参加“秒杀”活动的商品最好是比较受欢迎的一类，购买人群的基数要大，不能选择太高端或者太低等的商品，因为这样的商品很可能会让买家望而却步或者不屑一顾，造成没有买家评论的状况。至于什么样的商品是买家比较容易接受的呢？网店经营者可以参考一下商品的浏览量。

3. 货源要充足

如果商品的质量很好、性价比高，而买家对网店经营者的服务态度一直都很满意，那么，参加“秒杀”活动的商品数量一定要充足。如果你的商品在很短时间内就“秒杀”完下架，会让很多买家认为网店经营者参加“秒杀”活动只是个噱头。所以，参加“秒杀”活动的商品数量最好可以维持买家 1 分钟的疯狂抢拍。

4. 据实而定

可根据实际情况再上架相同的宝贝做“秒杀”。如果参加“秒杀”活动的商品是网店的主销产品，那么网店经营者就需要根据网店的实际情况来决定是否需要让另外一种同类产品来参加这个促销活动。譬如促销活动结束后，很多买家还是希望以活动价格购买这个主销商品，那么网店经营者就要根据这个实际情况来决定参加“秒杀”活动的商品了。

二、“秒杀”的准备工作

1. 库存准备

网店经营者要在活动开始前就做好“秒杀”商品的库存准备，尽量避免因为商品货源不足而导致网店信用受到损害的情况。

同时，网店中的主销商品的数量要充足，因为“秒杀”活动期间是商品走单量最高的时候，对网店的销售拉动非常有帮助。

2. 包装准备

要想让在“秒杀”活动时光顾自己店铺的买家成为自己的回头客，就要让买家有好的购物体验。而很多买家都把商品的外包装看得比较重要。所以，网店经营者要做好商品包装物料的准备，要保证商品能安全地到达买家手中。

3. 阐述规则

在“秒杀”活动进行的时候，关注的买家比较多，所以询问问题的买家相对也会有很多，譬如他们有时会询问“秒杀”的规则，所以网店经营者要在“秒杀”的页面上非常详细地阐述“秒杀”的规则，这样不仅可以减轻客服的压力，在产生争议的时候，也有据可查。

三、参加活动的心态

1. 心理准备

并不是每次参加活动都能获得成功，所以网店经营者要做好失败的心理准备。如果失败了，网店经营者要做好经验总结，为下一次活动的成功做准备。

2. 宽容大度

作为网店经营者，遇到因没有“秒杀”到商品而产生质疑，甚至人身攻击的买家要宽容、大度，因为这些买家将来很有可能成为网店的固定客户。

四、提高网店的黏性

1. 促销套餐

为了更加吸引买家的眼球，增加商品的销量，网店经营者可以为商品量身定做促销套餐，参加“秒杀”活动的网店最好购买“搭配套餐”工具，比如参加活动的是秋冬款一字裙，那网店经营者就可以为这条裙子搭配一条打底裤，再在商品详细内页中展出上身效果，一定会带来意想不到的效果。

2. 促销活动

在全店推出对买家有足够诱惑力的促销活动，如全店几折、全店“满就送”、全店免邮、收藏有礼等促销活动，这种连带营销一定会为网店带来额外的惊喜。

3. 推荐商品

网店经营者还可以在“秒杀”商品的页面制作其他推荐商品，推荐的商品最好是可以成为“秒杀”商品的替代品或者是互补品的商品，价格也要和“秒杀”商品接近。这样可以为买家提供更多的选择，或者满足买家“一站式消费”的需求。

4. 增加活动

网店经营者还可以在活动进行的时候举行诸如预售抽奖活动这样既吸引买家眼球又实惠的活动，这对网店的营业额也有一定的好处。

5. 培训客服

一般买家对一件商品感兴趣后就会联系客服了解详情。客服是直接和买家沟通的人员，所以在交易过程中，客服的作用很重要，网店经营者要培训客服的沟通技巧，让买家能在关注“秒杀”商品的同时，对网店内其他商品多加关注，这样就会带动网店内其他商品的销量。

6. 推介会员

为了能让更多的买家关注网店经营者的网店，可以推介自己的网店会员制，甚至可以规定购买“秒杀”商品的买家必须是会员、帮派会员等。但是成为会员的要求不能太高，门槛必须适当低一些。

7. 建立群体

为了增强用户的黏性，网店经营者可以建立“秒杀”活动群，把在活动中进入自己店铺的买家集中起来，这样可以更好地稳定顾客群。

网店盈利箴言

“秒杀”促销活动最好的结果就是网店经营者和买家实现双赢。网店经营者要学会合理利用“秒杀”促销活动，既让买家得到实惠，又为自己的店铺聚拢了人气，实现盈利。

盈利关键9

物流决定生死：

别让你的网店折在物流手里

发货前的物流准则

有些网店经营者认为只要买家拍下付款后，这笔生意基本上就成了。可是为什么还会有那么多的买家会退换货呢？有可能是买家一时冲动才拍下的商品在恢复理智以后决定不要这件商品了，也有可能是因为买家想要网店经营者为其换另一个类型的产品，还有可能是商品质量得不到买家的认可，或者商品根本就不是买家拍下的那件。除却这些之外，还有一个既不是卖家也不是买家的因素能导致买家退货，那就是物流。

其实，打开商品的评价详情，抱怨“物流不给力”的买家不在少数，有的甚至整个页面都是在抱怨物流速度慢，或者是物流在运送时不注意保护商品。网店经营者没有办法控制快递人员在运送货物的过程中会不会损坏商品，但是可以减少他们在运送过程中损坏商品的可能性，这就要求网店经营者在发货前注意打包的情况。

网店经营者在发货时候一定要注意细节，避免好不容易谈好的单子因为物流产生了问题而招致买家的投诉，甚至退单的情况发生。

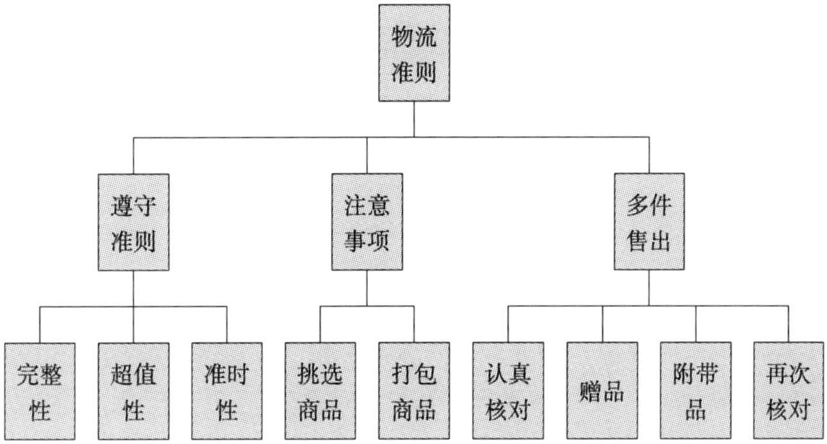

一、遵守准则

商品在发货前有很多事情要做，其中网店经营者最应该注意的就是包装。在包装的过程中，网店经营者一定要遵守以下三点商品物流准则。

1. 完整性

在为商品进行包装时，一定要注意商品的颜色、质量、型号、规格及重量，这些都要与买家商谈一致，要保证不错发、不漏发，并且能够安全无损坏地送到买家手中。

2. 超值性

在保证商品完整性的前提下，网店经营者必须还要考虑到商品的超值性。在为商品进行包装的时候，要注重细节方面，不能掩盖了商品的特点，还要附带一些附属品。这个附属品不必太贵重，只要能让买家感到物超所值、出乎意料即可。

3. 准时性

由于时间及空间的限制，网店经营者在发货之前还必须考虑到发货时间的问题，如果买家不能在规定的时间内收到商品，一定会责怪网店经营者发货太慢，这样会给买家留下不好的印象。因此，网店经营者一定要有很强的时间观念。

经营网店，并不只是买家拍下付款，这笔生意就万事大吉了。如果在商品包装和运输过程中出现差错，不仅会令买家不满，还有可能导致交易最终失败，劳心费力。

二、注意事项

在买家拍下付款后，网店经营者要先照订单的显示将对应的商品找出来，精心包装好，然后打包发货。在这个过程中，有一些细节问题需要注意。

1. 挑选商品

挑选商品时，需要注意以下几点。

（1）服装类。

要按照买家的要求进行挑选，尤其要注意颜色和尺码。

（2）箱包类。

和服装一样，也要特别注意颜色。

（3）化妆品。

很多化妆品的产品说明是英文，而且外包装特别相似，比较容易混淆，所以网店经营者在挑选商品的时候需要仔细鉴别。

（4）饰品类。

饰品是比较容易出现问题的商品类型，例如耳环的耳钩比较容易损坏，饰品的水钻也比较容易掉落。所以在挑选商品的时候，网店经营者一定要着重检查商品的质量，不要将有质量问题的商品发给买家。

2. 打包商品

在确定商品完好的基础上，网店经营者需要根据商品的特性对其进行包装，这是店主必须要做到的物流准则，网店经营者在发货前打包商品要注意以下事项。

（1）易损类。

这一类产品包括瓷器、玻璃饰品、CD、茶具、字画、工艺品等。在对这类商品进行打包的时候，可以多用些报纸、泡沫塑料来包装。

（2）首饰类。

首饰产品一般都需要附送首饰袋或首饰盒，网店经营者一定要在首饰盒内以报纸或泡沫等其他填充物填充，以便让首饰盒或首饰袋在纸盒里不晃动。因为在邮寄的过程中有很多不确定因素，所以首饰盒一定要保护好，可以在首饰盒的外面再加一层包装。依照这种方法进行包装，不仅可以防止撞击，还会让买家觉得网店经营者很贴心。

（3）衣物类。

衣物类产品在进行包装时，为防止脏污，可以用牛皮纸、白纸等不同种类的纸张单独包好。如果用布袋邮寄，一定要用白色棉布或其他干净整洁的布。

（4）电子类。

一般电子类商品都比较怕压，尤其是贵重的精密电子产品，包括电话、手机、电脑荧屏等。对这类产品可以用泡绵、气泡布、防静电袋等包装材料来进行包装，并用瓦楞纸在商品边角或者容易磨损的地方加强包装保护。为防止因间隙太大而出现摇晃和碰撞损坏商品，要用报纸、海绵或者防震气泡布作为填充物。因为这些东西有弹力，可以阻隔及支撑商品，吸收撞击力，避免商品在运送时摇晃受损。

（5）书刊类。

在打包书刊类商品的时候，为避免商品受潮或者在运送过程中弄脏，一定要用塑料袋套好，外层用牛皮纸、胶带包装好。

三、多件售出

对于一次性售出多件商品，需要注意以下几点。

1. 认真核对

先根据订单仔细核对买家购买的商品种类及商品数量，然后将商品配齐。

2. 赠品

如果买家是参加活动，赠品是必不可少的；如果不是参加活动而在店内买了多件商品，那更要为买家赠送一些礼品。网店经营者亦不能忘记将赠品随单配发。

3. 附带品

在同时售出多件商品的时候，在保证商品的同时，还不能忘记将商品的说明书、保修卡及配件等附带品随单配发。

4. 再次核对

因为售出的数量比较多，所以产生错误的概率也就比较大，所以在商品大致配发好了以后，网店经营者还要再次核对商品的款式、颜色及型号，避免错发、漏发的现象。

网店盈利箴言

在物流配送过程中能否保证商品的完好无损，不是网店经营者能够掌控的，但是网店经营者可以在发货前对货物做好全方位包装，以减少商品损坏的概率。

网店的主要物流配送方式

网店经营者不像实体店的老板那么轻松，“一手交钱，一手交货”就可以了，网店经营者还要做一些例如打包、配送和回复评价等比较繁琐的事情。在这些繁琐的工作中，配送是比较重要的一项。

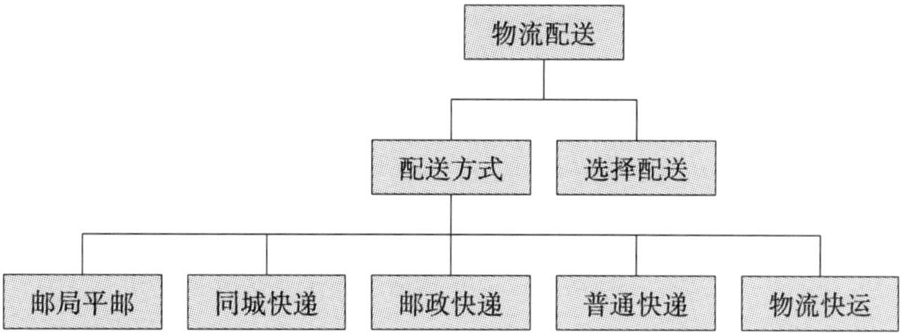

一、配送方式

1. 邮局平邮

邮局平邮的收费规则是实行分区计费方式。计费方式使用“每件包裹资费 = 包裹每公斤资费 × 包裹重量/1 000 克 + 挂号费（￥3.00）+保价费 + 其他费用”这样一个计算公式。这种方式有一个缺点，就是商品的重量以 500 克为单位，但是不足 500 克的，还是按 500 克来计费。

保价费一般为订单产品价值的 1%，最低为 1 元，但是允许不保价，网店经营者可以视商品的贵重程度自愿选择。

2. 同城快递

同城快递，指在同一个城市内发快递，就是卖家和网店经营者在同一个城市。虽然买家和网店经营者同在一个城市，但是像北京、上海这种比较大的城市，买家上门自提的概率就比较小了。当买家无法上门自提的时候，网店经营者就可以请快递公司运送货物。

和其他快递邮件相比，同城快递更快捷、更安全、更灵活、更高效。

3. 邮政快递

EMS 即“Express Mail Service”，就是邮政特快专递服务。它是由万国邮联管理下的国际邮件快递服务，是中国邮政提供的一种快递服务，主要是采取空运方式来提高递送速度。根据地区远近的不同，到达的时间也不同，从1天到8天不等。

因为邮政快递的业务在海关和航空等部门均享有优先处理权，所以它能以高速度、高质量的优点来为用户传递国际、国内紧急信函、文件资料、金融票据、商品货样等各类物品。

邮政特快专递具有以下几个优点：

（1）范围广。EMS拥有首屈一指的航空和陆路运输网络，目前在国内的覆盖范围比较广，别的物流一般无法到达一些比较偏远的地区，但是邮政快递却可以，而且速度也没有比其他快递慢，一般到达全国各大、中型城市只要3到5天，到达县乡也只需要4到7天。

（2）网络强大。业务覆盖了全国，全国各个地区都有自营网点，高达2 000多个。

（3）速度快。因为有优先处理权，所以邮政专递的速度比较快，在100个城市之间都能快速传递。只要另外加价，就能送货到手。

有利定有弊，邮政快递并不是十全十美的，也有缺点。

（1）价格高。邮政快递的起价比较高，不论数量和重量，统一20元起价，几乎比其他快递公司贵了一倍。

（2）节假日不送货。邮政快递在节假日是不送货的，若非要取货，就必须要上门自提了，这给一部分人在一定程度上造成了不便。

（3）安全性低。邮政快递的商品在未保价前，安全性是比较低的，只有在保价后才能得到安全保障。

4. 普通快递

快递是指快递公司通过铁路、公路和空运等交通工具，对客户货物进行快速投递。快递是有点到点，快速方便。最近几年来，中国快运速递行业高速发展，业务量已经覆盖了全国，并且已经在中国东部地区形成了以沿海大城市为中心的四大区域性快运速递圈。这四大快运速递圈又以滚动式、递进式的扇面辐射，带动中部和西部地区快递业务的发展。部分大城市和特大城市已经成为区域性快运速递产业发展的中心，例如北京、上海、深圳和广州等城市，而且在全国范围内形成了以基本交通运输干线为基础的若干快运速递通道，使中国快运速递行业呈现出从点到线再到面的网络化系统特征。

5. 物流快运

一般体积比较大或者数量比较多的货物都选择物流快运，因为物流快运基本上是按体积和重量来计算价格，价格比较便宜，真正做到了“一分钱一分货”，但是速度比较慢。

物流快运服务比较细致，如果顾客去快运公司托运货物，工作人员会询问顾客货物属于什么类型，是轻还是重。但是物流快运只保丢不保损，而且此种配送方式一般不会上门取货，如果着实有这个需求，顾客必须另外加钱，所以一般都需要顾客亲自去物流公司发货。取货也是一样，货物到达目的地以后，必须要买家亲自上门取货，要送货上门的话，也必须要另外加钱。

二、选择配送

为买家配送商品，有很多的物流配送方式供网店经营者选择，但是经营网店的最终目的是为了赢取利润，所以网店经营者要综合情况来看，尽量选择最佳的配送方式。

邮局平邮虽然是按商品重量来计算价格，但却是以 500 克为单位，不足 500 克的也按 500 克来计算，对于小件商品就不划算了。譬如女性买家常买的一些头饰。

同城快递虽然比较快，但是如果买家和网店经营者不在一个城市的话，这就不是网店经营者的最佳选择了。

邮政快递虽然全国各地都能送到，但是有一个和网店经营者营业目的最相悖的缺点，就是价格比较高。对于一些利润空间比较小的商品来说，这是最不适合的一种配送方式。

物流公司虽然价格比较实惠，但是不支持上门取货和送货上门，不上门取货对于网店经营者来说还可以适当克服，毕竟价格比较实惠，但是不送货上门对于买家来说是很不方便的，所以这对于网店来说，也不是最佳的选择。

买家在大多数情况下买的商品数量都不会特别多，所以网店经营者一次性往同一个地址发货的概率也比较低，如果商品也是小件物品的话，普通快递是比较适合的。普通快递的起价不高，且快递的业务覆盖范围比较广，全国范围内都可以送到；速度相对也比较快，同城的话就可以当天到，省内和附近省市也只需要一天时间就到货。比较远的需 2 天，很远的基本上 3 天也肯定能到货，网店经营者可以综合各种情况，适当考虑这种配送方式。

网店盈利箴言

省下的就是赚到的，运费是网店运营过程中的一笔比较大的开销，如果网店经营者能根据不同的商品情况、地域情况和买家的要求情况正确选择不同的物流配送方式，就能为网店合理减少一部分开支，从而提高网店利润。

如何利用快递省钱

在整个网店的经营过程中，快递是一个比较重要的环节，也是很难掌控的一个环节。有些网店经营者会把运费视作网店巨大的成本开销，因为他们都在这上面吃了不少哑巴亏，不但花费较多，物品还十天半个月才到目的地，让买家对网店的印象很差。

在快递这一个环节中，上面我们提到了如何防止商品被损坏，消除质量隐患。现在我们来说怎么省掉很多不必要的花费。

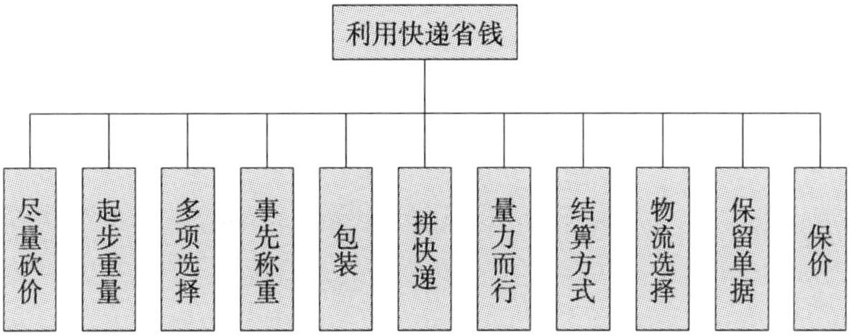

那么，网店经营者要如何既省力又省时间，而且尽可能地节省快递费用呢？

一、尽量砍价

快递员是有权利决定运费的多少的，所以要学会和快递员砍价，还要让他们知道自己合作的快递公司不止他一家，这样做不仅能避免快递员因产生“他是我的固定客户”的想法而降低服务质量，还能让快递员产生“我有竞争对手，我要留住他”的想法从而给自己创造砍价的空间。

二、起步重量

除了 EMS 和申通，其他快递一般都是 1kg 起步的，千万不要以为是 0.5kg 起步，如果是这样，网店经营者将会在以后的运营过程中多花费很多资金。

三、多项选择

网店经营者要多选几家快递公司合作，不能只选择一家快递公司，还要把几家快递公司的价格网点、服务和速度进行对比，以根据不同的情况来选择不同的快递公司，多做比较才能更好地提高快递发送的效率和节省运费。

四、事先称重

网店经营者最好先将自己要发的商品事先称重，这样的话，对于一些比较重的商品所需的邮费就能做到心中有数，不仅能在买家付款之前向其说明邮费，如果和业务员比较熟悉的话，零头重量还可以只按照续重的一半的价格来收费，甚至可以不算续重。积少成多，每次省下一点点，次数多了也就是一笔可观的费用。

五、包装

一般快递对商品的包装要求都不是很高，尤其是服装。在为服装类等不怕压、摔的商品进行包装的时候，没有必要用纸盒来包装，完全可以用那些在商场买东西送的塑料袋，外面多贴几层胶纸就可以了。有的网店经营者直接就在里面用完全没有图案的塑料纸来包装，虽然这样不是很美观，但是既防水又不容易损坏，重点是这样包装重量比较轻，比较节省运费。

网店经营者完全不用担心这样“简陋”的包装会让买家的印象不好，因为买家最看重的还是商品的质量，别的因素虽然也会影响买家对网店的印象，但不是重中之重。所以，不管是什么类别的商品，只要商品质量足够好，“简陋”的包装完全没有问题。

为避免在运送过程中造成对商品的损坏而导致买家退货，网店经营者要注意商品的包装，比如音像制品等易碎怕摔的商品，可以加一些泡沫等耐挤压、可防晃动的材料。如果安全无损地到达买家的手中，不仅会让买家满意，还会避免买家因质量问题退货而自己承担运费。

六、拼快递

日常生活中会有“拼货”、“团购”、“拼车”、“拼餐”这样的词语，但是“拼快递”却很少听到、见到，其实这个和“拼货”、“团购”、“拼车”、“拼餐”的意思是一样的，如果网店经营者需要配送的商品数量比较多，同时又想获得最低的邮费折扣额，就可以联系一些信用比较高的卖家，通过他们找寻发件量比较大的快递员。因为这些人发件量比较大，所以价格肯定也就便宜了。

七、量力而行

如果网店经营者的营业时间还不是很长，或者业务量不是很大，那就需要从细微处省钱了，假如能做到锱铢必较的话，那省下的就更多了。

这种类型的网店不要找如申通和圆通这样比较有名气的快递公司来配送，尤其是大、中型城市的网店经营者，业务量小的话，报价是非常高的，而且不能砍价，可以找一些比较冷门或者小一点的快递公司来合作，因为这样的公司在乎每一笔生意，而且可以商量价钱，网店经营者可以从中省下不少费用。

八、结算方式

网店经营者千万不要以月结的方式去和快递员进行合作，因为这样就给了他们涨价的机会了。

九、物流选择

网店经营者一般是使用普通快递、平邮和 EMS 这三种方式来发货。比如平邮和 EMS，虽然网点覆盖最广，全国各地都能送到，发货速度也很快，但是价格相对比较高，所以不适合利润空间比较小的商品。

网店经营者应该根据不同的商品的情况来选择物流方式，如果一些利润空间比较小的商品选择起价比较高的配送方式，那么不仅不会省钱，还有可能做赔本的买卖。

十、保留单据

小心驶得万年船，为避免快递公司把货品丢失，网店经营者就要保留单据。这样不仅可以随时上网或打电话查询配送的进展情况，还可以将其作为索赔的证据，以避免钱货两失，造成买家的不满。

十一、保价

虽说经营网店要能省则省，但是“舍不得孩子套不住狼”，网店经营者也不能为了蝇头小利而损失大笔的资金，所以网店经营者要为商品保价，这样不仅能让快递员更加小心对待货物，如果商品损坏，还可以获得赔偿，不至于让网店经营者有太大的损失。

网店盈利箴言

经营网店需要有一个既省时、又省力、还省钱的配送方式，但每一种配送方式都有利有弊，网店经营者要学会根据不同的情况来决定使用哪一种快递方式，以达到省钱的目的。

如何选择优质的物流服务

一个质量上乘的物流公司对网店经营者来说非常重要，因为商品能否顺利到达买家的手中，买家能否对整个购物过程有一个好的体验，物流也起着至关重要的作用。所以，网店经营者一定要从众多物流公司中选出具有最优质物流服务的公司。

因为开办一个物流公司十分简单，只要一个办公用地、几辆车和若干搬运工就可以轻易组成，这便导致了物流公司的服务出现水平良莠不齐的现象，给网店经营者选择物流公司造成了很大的阻碍。那么，网店经营者要怎样才能从众多物流公司中选出具有最优质物流服务的公司呢？

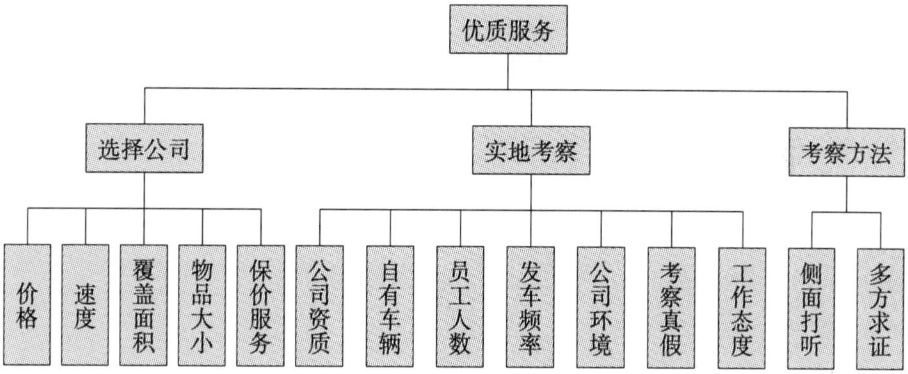

一、选择公司

1. 价格

目前有很多新成立的快递公司运费会相对较便宜，速度和服务也能得到保障，网店经营者可以从中选择信誉比较好的快递公司以节省成本。

2. 速度

快递速度包括快递公司员工上门取件的速度和将物品送到买家手中的速度。速度的快慢不仅影响网店经营者的资金回收效率，还会影响买家的评价。

3. 覆盖面积

在互联网上做生意，买家可能遍布全国甚至全球各地。由于每家快递公司的业务量大小不同，业务覆盖面积也不同，所以能送达的区域也不一样。一些比较偏远的地区，很多快递公司都无法送到，所以网店经营者在选择物流公司的时候要考虑到其业务的覆盖面积。

4. 物品大小

选择物流公司的时候还要考虑到网店商品的大小，如果是大件的商品，无论选择邮局还是一般的快递公司，费用都比较高，因此可以选择中铁快运或者物流托运。

5. 保价服务

如果商品比较贵重，发货时一定要选择保价服务，并且尽量选择赔偿金额或倍数高且保价费低的快递公司。一旦快递物品损坏、丢失，可以获得相对高一些的赔偿。

二、实地考察

耳听为虚，眼见为实，网店经营者也有必要实地考察物流公司。

1. 公司资质

有些物流公司没有营业执照就营业，这样的公司信用问题有待考察。如果出现黑物流公司卷款潜逃的事情，而这个公司又没有营业执照，仅有一个网点、一台车、几个搬运工就开始营业，将无从追查。所以网店经营者在考察时一定要注重考察物流公司的资质。

2. 自有车辆

车辆的多少，不仅是公司规模大小和业务量多少的反映，还能决定运送速度，所以如果网店经营者想要保证商品能按时到达买家的手中，就要注意考察物流公司的自有车辆数。

3. 员工人数

员工的多少和自有车辆多少一样重要，也是一个基本指标，同样可以反映快递公司的规模和业务量，但是网店经营者在考察员工人数的同时，也要注意员工的整体素质。

4. 发车频率

要享受最优质的物流服务，首先就要选择一个发货速度比较快的物流公司。目前，华中五省的大多数物流公司都能做到天天发车，如果网店经营者所考察的物流公司发车时间间隔太长，好几天才发一次车，那么，这个物流公司就不能选择了。

5. 公司环境

一个公司的环境可以反映出这个公司的管理、员工素质和工作状态等多方面情况，如果一个公司的办公桌上乱七八糟，人员散漫，仓库货物乱丢乱放，装卸乱扔，每一个角落都极其没有条理性可言，那么这个公司在走货的时候必然经常出现破损，质量必然很差。所以，这样的公司也不在网店经营者的选择范围内。

6. 考察真假

很多小的物流公司相当在乎每一笔生意，所以为了取得和客户的合作，在客户考察的时候有可能说的情况和事实不符，甚至欺骗顾客。所以，网店经营者在考察的过程中要讲究方法，以获得最真实的信息，最有效的方法就是问细节，如果他们告诉网店经营者其公司发车间隔时间很短，甚至一天会走十几趟车，但其公司只有 3 至 4 个搬运工，那么就可以判断他们的回答缺乏真实性。一个不真诚的公司是没有合作必要的，就算勉强合作了，以后也会有很多问题产生，所以，这样的公司也不在网店经营者的考虑范围内。

7. 工作态度

网店经营者在去物流公司实地考察时，要着重考察员工的工作态度，看看他们的忙碌情况，看看他们是不是在装卸的过程中轻拿轻放，对货物的归类是不是有条理，因为他们的工作态度直接关系到物流的安全性。

三、考察方法

1. 侧面打听

网店经营者还可以从侧面打听所考察物流公司的信誉、服务态度等问题，其公司顾客的意见反馈和物流行业内的人士对其公司的印象评价，都能从侧面反映出这个公司是不是具有优质的服务水平。

2. 多方求证

为确保考察的真实性，网店经营者尽量不要相信某一个人或者某一件事情的“一面之词”，要多方求证，力争做到全面的、多方位的了解。

网店盈利箴言

好的物流服务能给网店经营者带来安心和舒心，最重要的是，好的物流服务能为买家带来好的购物体验。不管是公司资质、车辆和人员多少、环境好坏还是员工态度，都能决定一个物流公司能否为顾客提供优质的物流公司，所以，网店经营者要全面考察，多方求证，力争选到一个服务质量好、细节到位的物流公司，让自己安心，买家舒心。

如何规范你的物流，减少损失

物流是网店经营者最无法掌控的环节，也是在整个交易流程中最容易出错的环节。因为商品在运输过程中发生的问题网店经营者没有办法控制，只有在发货和客户收货后才能做点事情，所以网店经营者在可控的范围内要尽量消除物流隐患。

想要消除物流隐患，就必须规范物流。

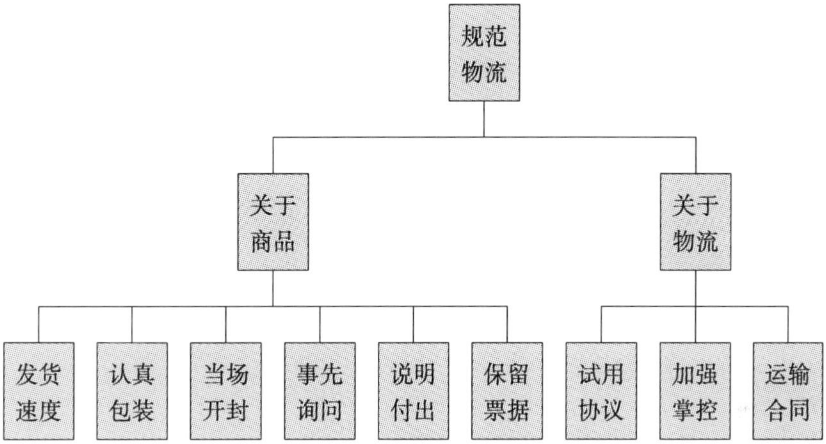

一、关于商品

1. 发货速度

为避免买家抱怨，网店经营者必须以最快的速度发货，不能故意拖延。如果由于不能抗拒的原因而延误了发货时间，网店经营者必须要在第一时间向客户说明理由，避免买家因为这些问题而退货。

2. 认真包装

不管商品价格高低，网店经营者要一视同仁地做到包装仔细、牢固可靠，以避免在运输过程中损坏商品，尤其是涉及个人隐私的物品。

3. 当场开封

要提醒买家当场开封查验商品。避免遇见不良买家故意以商品质量问题和网店经营者纠缠的情况，减少一些不必要的损失。

4. 事先询问

网店经营者要事先向买家询问和核对收货地址，了解收货地址是否在快递的派送范围内。如因收货地址偏远等原因而导致延长收货时间，为免产生纠纷，网店经营者应事先告知并协商，以防因为物流速度为网店经营者和买家都带来不必要的损失。

5. 说明付出

如果有快递超重的情况，网店经营者就要多支付快递费用，但是这一定要和买家说清楚，不然客户就不会知道网店经营者的付出，这是一种双倍的损失，因为这不仅是经济上的损失，还是一个宣传机会的损失。

6. 保留票据

网店经营者要保留好相关的票据，比如发票、快递单等，以防止以后出现问题需要维权的时候有据可依。当然，为了节省很多向客户解释快递收费的沟通时间，网店经营者还可以设置更多的运费模板应用到其他不同的商品中去。

二、关于物流

1. 试用协议

前面说了怎样选择好的物流服务，网店经营者通过对物流公司的考察，觉得满意就决定与之合作。但是俗语说“光说不练假把式”，考察得再详细也没有实战来得准确。有些物流公司的水平根本没有考察中所表现出来的那样优秀，甚至有些黑物流公司收了一批货物后就不知去向了。

“是骡子是马，拉出来遛遛”，为了避免类似的情况发生，网店经营者要和物流公司签订一份试用协议，进行试运行考察。试运行也是要讲究方法的，刚开始要控制货量以及价值较高的货物，每周给物流公司运送的商品量不要太大，试运行结束，请销售或客服做一个分析评估，着重考察评估的结果是否和其之前的描述相符合，时效和走货质量是不是比较高，安全性是不是可以得到保障，相较于之前的物流，水平是否有所提高。如果答案全是负面的，那么，这个物流公司就是不合格的。

2. 加强掌控

建立绩效考核指标（附表），加强管控。

（1）绩效考核。

试运行一段时间后，如果网店经营者对物流公司各方面都比较满意，就可以逐步增大货量。为了确保物流公司的服务质量不会下滑，网店经营者在此期间也不能放手不管，还要定期对物流公司进行考核，考核指标有货损货差、服务态度、走货速度、提货速度。

（2）绩效面谈。

绩效面谈的形式和员工的绩效考核相类似，就是绩效考核后的面谈。

为方便网店经营者及时了解物流环节存在的问题，要求其改善，网店经营者要不定期地对物流公司进行绩效面谈，了解物流环节是否出现异常。

对于这几方面的考核，网店经营者要综合考虑，如果综合水平在中等以上的话，那就可以考虑与之合作了。毕竟，我国现阶段的物流水平并不能让网店经营者找到十全十美的物流公司，况且最好的也不一定是最适合自己的，所以，两害相权取其轻，网店经营者能找到适合自己的公司就可以了，但是网店经营者要尽可能地要求物流公司改善不足。

3. 运输合同

经过一段时间的磨合，如果网店经营者和物流公司彼此都感到合作比较愉快，那接下来就可以正式签订运输合同了。

签订了运输合同，一方面网店经营者可以受到法律保护，万一出现重大损失，就能有据可依，另一方面也能更好地约束物流公司。

网店盈利箴言

只有懂得规范物流，消除物品运送隐患的经营者，才有把网店做大做强的可能。

盈利关键10

人气就是利润：如何打造人气爆棚的“皇冠”店铺

积攒人气的五个忠告

在很多人的眼中，经营网店是一种比较轻松的赚钱模式。而事实上，想要经营好一家网店并非像想象中那么简单，这其中会掺杂着很多大小不一的困难，时刻考验着每一个网店经营者。想要不断地为网店积攒人气，经营者就需要注意以下五个忠告：

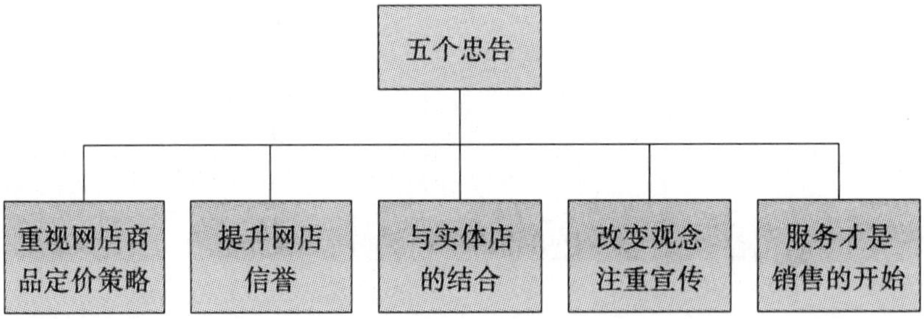

一、重视网店的商品定价策略

经营网店，最终目的就是为了赚钱，所以，产品的定价很关键，它将关系到产品是否能够吸引消费者，甚至可以决定销售是否成功。假设消费者对产品相当满意，并且产品的质量也有保证，但是交易最终却未能达成，很有可能就是因为产品的定价超出了消费者的预期，或者说是超出了消费者的承受能力。

鉴于这种情况，网店经营者一定要明白，消费者之所以选择网上购物，除了方便以外最看重的还有实惠。所以，与实体店相比，网店商品的价格一定要有很大的优惠。建议网店经营者可以采用“先低价”的策略。这样做的目的就是为了为店铺积攒人气，打开市场，提高产品的交易量。

等以后网店的知名度相对提升，形成品牌效应后，再适度提高商品价格。这也是为什么那些品牌网店里的产品价格居高不下，却不缺少消费者的原因。品牌代表着高品质，这时人气已经积攒到一定程度，相对较高的价格反而不重要了。

二、尽可能地提升网店的信誉

恐怕没有哪一个经营者不希望提升自己店铺的信誉的。但是，如果没有交易，何谈信誉，何谈人气？其实，有一个比较简单的操作方法，那就是进行零利润或亏损销售。

在淘宝商城里，有一个“秒杀”专区，经营者完全可以设置一款产品进行低价“秒杀”。这样就可以吸引更多消费者的关注，这就如同实体店的打折促销一样。当然，“秒杀”产品的质量一定要好，更重要的是价格一定要低，要让消费者产生一种非买不可的消费欲望。一些有经验的网店经营者一定知道，虽说“秒杀”的产品是亏损的，但是很有可能会产生连带效果，带动店内其他商品的销售。所以，从长远角度来看，最终还是利大于弊的。

三、注重实体店与网店的相互结合，实现互利互惠

很多经营者在拥有网店的同时其实还经营着实体店，这样就完全可以体现出实体店和网店相结合、一店双铺的优势。实体店销售与网上销售相

结合，鼓励更多的网上交易，毕竟实体店与网购是存在价差的。

经营者完全可以让客户在实体店选好商品后再从网上进行交易，这样一方面扩大了网上成交的数量，提高了信誉，另一方面，顾客对产品表示满意，也可以为下一次购物打下良好的基础。因为通常情况下，顾客消费会形成一种惯性，只要他对商品和服务满意了，不仅自己会来重复消费，而且会为商品进行口碑宣传，把网店介绍给自己身边的亲朋好友，这样一来，就在无形之中为店铺积攒了不少人气。

四、要改变观念，主动宣传

网上宣传也是积攒人气过程中不可忽视的环节。网店经营者要有针对性地进行推广宣传，否则网店始终不会被人关注。因此，这也是网店打响知名度最关键的一环。在这里大致介绍一下如何在网上进行宣传。

网店经营者可以为自己的网店专门开通一个博客，在博客里着重介绍自己的产品，传授一些必要的产品知识，例如如何选择产品，产品优势在哪些方面，细分一下产品的原料、价格、真伪，等等。这样可以让消费者在消费的同时学到相应的知识。

此外，网店经营者还可以在一些论坛里进行宣传，介绍自己的网店。当然，不能直接做广告，因为过多的广告会被论坛管理员删除。这就需要有一点小技巧了。网店经营者可以以消费者的身份叙述网购的经历，这样能够达到宣传网店的目的。也可以经常回回别人的帖子，要认真地回复，将自己读帖时候的真实感受写上去。这样虽然看上去并不是直接宣传网店，但是网店经营者可以在自己的论坛签名设置上留下网店链接。如果回帖质量相对较高，自然会有很多人去关注。相应地，也会增加别人按照网址搜索网店的频率，提升人气。

五、服务才是销售的开始

在有些网店经营者的眼中，商品交易的成功结束并不是销售的结束。

相反，这才是销售的真正开始。网店的售后服务水平如何往往会直接影响消费者是否会重复购买。要知道，在商业中有一个十分重要的“二八定律”，即销售额的百分之八十是光顾店铺百分之二十的顾客产生的。只有当这些顾客真正满意了，才有可能会形成重复消费。

对于那些已经成交的老客户，网店经营者最好要做到定期回访。通过阿里旺旺或者腾讯 QQ 与顾客取得联系，有条件的话也可以进行电话沟通，了解客户对产品的使用感受。如果出现了什么问题，一定要立刻给予解决。包括给予的退换货的承诺也一定要依据具体情况进行兑现。让顾客认可产品，倒不如先让顾客认可服务人员的人品和态度，只有当他们完全信赖的时候，他们才可能完全认可并接受网店经营者所销售的产品。

网店经营者要重视以上五点忠告，不断地完善自我，规范网店的经营模式，这样才能不断地积攒人气，谋取利润。

网店盈利箴言

人气是网店盈利的关键，而积攒人气就是每个网店经营者必须突破的挑战。

网店经营细节

正所谓细节决定成败。在经营网店的时候，经营者应该懂得从细节着手，在设计网店布局的时候要坚持以顾客为中心的原则，充分利用有限的资源将网店设计得更为美观，这样才能使店铺的人气暴涨。对于网店经营者来说，人气就是利润，如果能够关注细节，掌握一定的技巧，打造出人气爆棚的皇冠店铺并不是难事。以下是一些应该注意的方面：

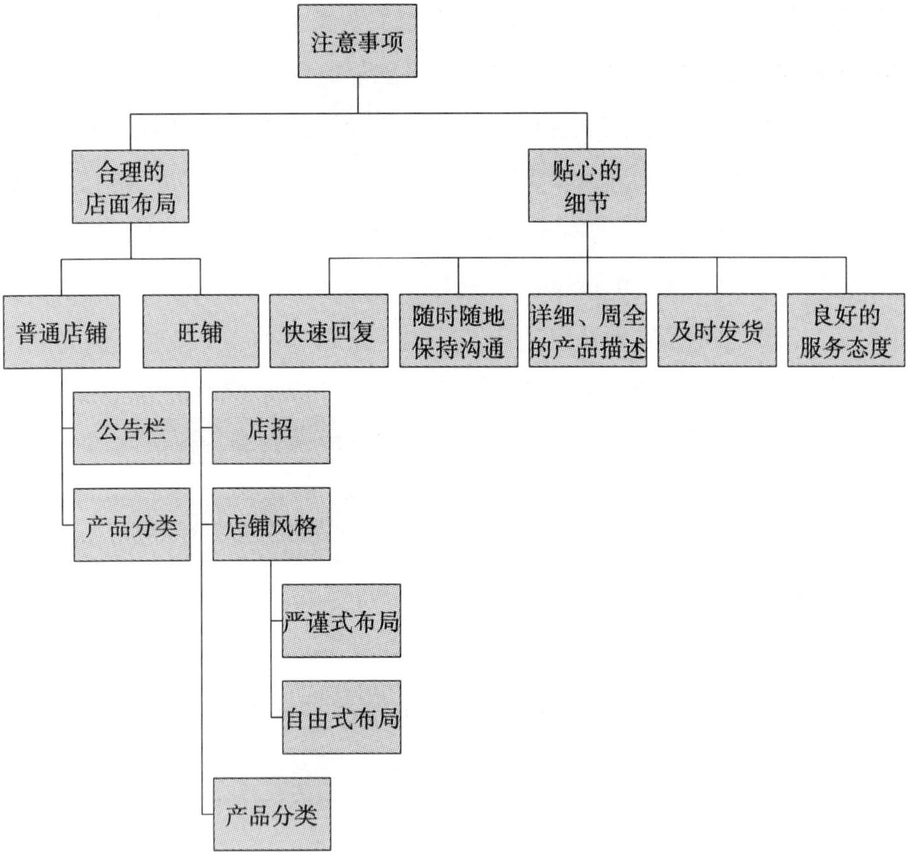

一、合理的店面布局

合理的店面布局通常能够让消费者感受到经营者的用心和细心。一般情况下，普通店铺的模板中可以自定义的布局元素相对较少，主要有公告栏和产品分类；而旺铺的布局元素主要有店招、产品分类以及自定义导航条等。

消费者进入一家店首先映入眼帘的就是该店铺的公告栏，它也可以说是店铺的一个对外窗口。在公告栏中，主要公布的是该店铺的工作时间、经营宗旨和经营者的多种联系方式以及一些关于产品的优惠活动，等等。产品分类就是指店铺中各种产品的分类情况，消费者可以根据那些分类信息去寻找自己想要的产品，这样就可以节省不少时间。对于那些有明确购买目标的消费者来说，这样的布局通常足够“收买人心”。

再来看看旺铺的布局元素。主要包括店招、店铺风格和产品分类。所谓店招，顾名思义就是指店铺的招牌。通过店招，消费者可以看到该店铺的店名、经营项目以及该店的优势和宗旨等信息。其位于旺铺顶部，直接体现出店铺的整体形象。

除了店招外，店铺风格也占据着十分重要的位置。店铺风格通常是由背景和元素基调决定的。它在视觉冲击力上的效果是最显著的，也能够给人最直观的印象。网店经营者可以直接选择网站上免费提供的模板进行设置，也可以进行自我创意。相对而言，以下两种方案比较受消费者的欢迎。

1. 严谨式布局

所谓严谨式布局，就是指整个店铺内的结构通常会给人一种中规中矩、整齐有序、管理井然的印象，然后再和大气的色彩搭配相协调。这种布局容易使消费者感受到店铺的正规可靠，从而对店铺产生信任心理。

2. 自由式布局

所谓自由式布局，就是指网店经营者充分地利用各种自定义模块，尽可能地将布局营造出良好的环境气氛，这样能够使消费者有一种新鲜感，从而对店铺产生兴趣。网店经营者就是以环境影响消费者的购物心理，有利于促销。虽然自由式布局更能够吸引消费者，但是，它的灵活性太强，如果处理不当，很容易造成布局混乱的局面，让人无法方便地找到自己所需要的产品，进而影响整体营销。

二、贴心的细节

其实经营网店与经营实体店也是有共同点的，贴心的细节往往能够瞬间抓住顾客的心。就像一些大型超市都会提供手推车、外借伞具一样。在经营网店的时候，经营者可以站在顾客的角度上去想顾客所想，从各个细节出发，满足顾客的一切合理需求，这也是赢得市场的重要手段之一。

1. 快速回复

有些店铺的客服人员在面对顾客询问时总是会显得很不耐烦，认为对方其实并没有要购买产品的意愿，因此也就无须作过多介绍。这其实是一种沟通误区。即便消费者只是询问，并没有购买意向，作为一位热情、有责任心的网店经营者，也要拿出自己的耐心一一作答，因为他们很可能就会成为下一位客户。这就需要经营者留心站内信、产品页面和店铺交流区的买家留言以及沟通软件上（如阿里旺旺、腾讯QQ）买家发送的信息。

2. 随时随地保持沟通

网店经营者可以开通移动旺旺，保持24小时在线，这样即便是外出有事，也能够保证随时随地接收到顾客的信息。随时与经营者保持沟通，对于顾客而言也能够提升信赖感。此外，有销售团队的店铺，经营者还要安排好各位成员的在线时间。可在店铺比较显眼的位置留下多种联系方式，以方便顾客能够通过多种方式与卖方取得联系。

3. 详细、周全的产品描述

这里重点讲的是细节。当经营者将产品描述尽可能详细地展现在顾客面前，就可以避免不同顾客对同一事物有不同理解而引起交易纠纷；而对于经营者而言，详细的产品描述可以使自己更加了解产品特性，判断它们是否适合自己的营销方向，有利于经营。

4. 及时发货

（1）在发货之前，经营者应理清所要寄出的产品的尺寸、颜色、数量等，仔细地核对顾客信息，以免发错或者漏发。此外，经营者还需要清楚仓库中的库存情况，如果出现缺货现象，要在第一时间态度友好地向顾客说明或致歉。

（2）产品包装一定要妥善大方。精心的包装不仅能够对产品起到保护作用，而且还可以提升顾客的满意度以及对产品的心理价位。通过包装体现出经营者做事的严谨态度，这样也可以“虏获芳心”，使顾客成为老客户。

（3）在物流方面，经营者一定要重视服务质量，由物流引起纠纷对经营者来说是件很冤枉的事情。如果遇到了物流纠纷，经营者一定要在第一时间内主动与快递公司取得联系，帮助顾客进行追踪。

（4）只要顾客一付款，经营者就要保证及时发货，并告知对方大约多长时间能到货。

5. 良好的服务态度

其实当下产品绝大部分都是大同小异的，所以真正决定胜负的还是经营者的服务态度。良好的服务态度主要体现为坦诚、亲切、热情，经营者要抱着感恩的心与顾客进行交流。例如可以多说欢迎词、多感谢买家光临小店等。有些时候顾客可能还会提出一些相应的要求，对于这些，经营者要本着负责任的态度去帮助顾客解决问题，尽可能地给顾客一种宾至如归的感觉，这样就可以大大提高效率。

总之，从细节着手，完善每一个环节。赢得顾客，就是赢得利润。

网店盈利箴言

人气往往不是一蹴而就的，顾客也不会一夜之间都涌进店铺，只有从小事做起，从细节出发，才能感化顾客，并且将其变成店铺的固定客源。

如何灵活应对买家的讲价

在经营网店的时候，经营者一定遇见过顾客讨价还价的情况。洽谈的内容并不是重点，重点是洽谈的重要性，它往往可以直接决定交易的成败。在网络市场中，顾客只需要使用“鼠标”和“搜索引擎”就能够“货比三家”，如果这时消费者选择一家店铺再进行讨价还价，这就可以说明该潜在顾客确实有诚心购物。

在网络交易的过程中，买卖双方其实就像是一对矛盾体。消费者希望能够以最低的价格购买到令自己最满意的商品；而网店经营者则希望能够以最高的价格售出自己的产品，赚取最多的利润。顾客与经营者之间的交谈就是一个博弈的过程，有些网店经营者在面对顾客讨价还价时通常选择一种避而不谈的态度，而有些经营者觉得浪费时间，干脆在店铺公告栏中标出“本店商品一律不讲价”，等等。其实这些做法都并非上上之策，与顾客保持密切的交流往往可以使他们对自己更加信赖，也能够起到促进交易的作用。当然，想要达到这种效果，网店经营者必须掌握一些讨价还价的策略和技巧，以下列举了一些方面：

一、证明价格的合理性

绝大多数消费者都认为自己所要购买的产品价格上存在活动空间。无论出于什么原因，他们都会对价格产生异议，认为产品价格比想象中的要高得多。在这个时候，网店经营者可以通过产品设计、产品质量、产品功能等方面的优点分析向顾客证明定价的合理性。

通常情况下，产品的价格与这些优点之间都存在着紧密的关系，正所谓“一分价钱一分货”。网店经营者要用一定的说服技巧，对自己的产品进行透彻的分析，讲解产品各方面的优点，向消费者表明他们在购买产品后所得到的利益要远远大于支付货款的代价。

当然，千万不要认为价格低顾客就一定会买。通常情况下，大幅度降价往往会让顾客产生一种“便宜没好货”的感觉，让顾客对产品产生质疑，认为它一定是有缺陷的，或者说是滞销产品。有些时候，产品的价格要稍微提高一些才能打开销路。只要网店经营者能阐明定价的理由，说得顾客心服口服，他们就会认为自己的选择是值得的。

二、较小单位报价法

所谓较小单位报价法，就是将报价的基本单位缩至最小，以隐藏价格的“昂贵”，使买家陷入“所费不多”的错觉。

据统计表明，以一件产品的单位报价，比以一打产品的价格报价更能促成交易。例如，名牌袜子一打是120元，那么，网店经营者给顾客报价的时候说每双10元就会让其听起来格外舒服；再如每斤茶叶200元，在给顾客报价的时候，经营者可以说“1两茶叶20块钱”；等等。变换形式给顾客报价，通常会达到不同的效果。当然，其中顾客的心理感受发挥了很大的作用。

三、要学会在小事上慷慨

在对产品讨价还价的过程中，网店经营者和顾客都会作出相应的让步。而对于网店经营者来说，如何让步是关系整个洽谈成败的关键。

就常理而言，几乎每个人都希望能够在讨价还价的过程中得到相应的好处。但是，并非每个人都是贪得无厌的。所以，对于绝大多数人而言，往往得到一点好处他们就会感到满足。

正是基于这种分析，在与顾客洽谈的过程中，网店经营者要在小事上表现出自己的慷慨，给顾客一种已经得到优惠的感觉，或者是感受到经营者已经作出了相应的让步。例如，在增加或者替换一些小零件时，经营者可以不向顾客收费，免费维修或更换会让顾客感觉自己略微占了一些便宜，心里会产生一种优越感。如果此时经营者还照价收取相应费用，就很可能会因小失大，引起顾客的反感。再如在顾客提出的一些小要求上，经营者也应该做到有所让步。以下这个例子就可以简单地体现出来经营者应当掌握的谈话技巧。

顾客："这双鞋子我很喜欢，感觉也确实值这个价钱，但是我有个小小的要求……"

网店经营者："您请讲，只要我们能做到的一定尽量让您满意！"

顾客："是这样的，这双鞋子我是买给我妈妈的，她过几天生日，我没办法回家陪她一起过生日，我看到你们店铺还出售一些精美的贺卡，这倒和其他店铺有些不一样，挺有特色的。我买这双鞋你们能送我一张贺卡吗？我希望和鞋子一起送给我妈妈，让她开心。"

网店经营者："这样啊，那先提前在这里预祝伯母生日快乐！您的孝心我们一定帮您传达到。我们店的贺卡都是纯手工制作，独一无二的。原本我们店没有这个先例，想要赠送贺卡都需要单独下单，但是您购买的是我们店里的高档皮靴，所以我们可以满足您的要求。下次再来购买您就是我们店里的 VIP 了。您挑选一张贺卡然后将链接和祝福的话发过来，我们的客服人员会整理好然后与鞋子一起寄出，请您放心！"

顾客（欣喜万分）："那真是太感谢你们了！我已经收藏了你们店铺，下次一定还会再来！"

在以上案例中，网店经营者在贺卡上的慷慨很明显起到了一定的作用。一张贺卡的成本有多少很多人都清楚，如果当时经营者拒绝了顾客的要求，很有可能就会导致交易中断。经营者在谈话中强调对方购买的是高档皮靴，瞬间提升了档次，让顾客心中油然而生一种优越感，之后提到的 VIP 又激起了顾客重复购买的欲望。此外，经营者还强调了贺卡的独特性以及店铺从未开过先例，这又加重了顾客的优越感，无形之中便锁定了这位顾客，使得他从心理上肯定了这家店铺，而重复购买也是顺理成章的事情了。

四、比较法

为了消除价格障碍，网店经营者通常会在沟通洽谈中采取一种比较法，它往往能收到良好的效果。比较法通常是指拿所推销的商品与另外一种商品进行对比，然后以此来说明价格的合理性。在运用这种方法的时候，如果网店经营者能找到一个很好的角度来引导买家，效果就会更加明显。

五、奇数报价

在面对产品价格的时候，9.9 元要比 10 元更具诱惑力，虽然它们之间只相差一毛钱。通常情况下，网店经营者在报价的时候可以试着保留价格尾数，采用零头标价，使价格保留在较低一级档次。这样，一方面给人以便宜感，另一方面又因其标价精确给人以信赖感。这种报价法就称作奇数报价法，它可以满足顾客求实消费的心理，使他们感到物美价廉。

六、分阶段进行

在讨价还价的过程中，网店经营者要与之分阶段、一步一步地进行，万不可一下子降得太多，而且每降一次都要表现出一筹莫展、束手无策的无奈模样。

有的顾客会故意用夸大其词甚至威胁的口气去吓唬经营者。

例如，“价格贵得过分了，没有必要再谈下去了”。这时有的经营者就会为了挽留顾客而立刻将价格往下降，这种做法是相当不可取的，因为如果这样做了就意味着彻底处于被动地位。这时，经营者可以表现出很棘手的样子，说：“亲，你可真厉害呀！”然后故意花上几十秒钟时间冥思苦想一番，最后给对方一个比之前价格略低一些的报价，切忌降得太猛了。

当然，这个时候顾客一定不会就此罢休，但经营者一定要稳住，并装作郑重其事，用很严肃的样子宣布：“最低价了，不能再降价了。”通常情况下，顾客会认为这就是最低限度，很有可能就此达成协议。也有个别顾客会“不屈不挠”，再次进行压价，尽管幅度不是很大：“如果这个价我就买了，否则咱们就不用谈了。”这时，经营者可以立刻把价格敲定。而实际上，被敲定的价格与网店规定的下限价格相比往往仍高出很多。

总之，灵活应对那些希望讨价还价的顾客也可以为自己的店铺提升人气。

网店盈利箴言

讨价还价也是一种交流，在通常情况下，这种交流往往更需要技巧。

防止顾客流失的方法

对于很多网店经营者来说，顾客的流失通常都会带去巨大的损失，至少需要店铺再开发许多新客户才能予以弥补。可是，一旦涉及顾客流失的问题，很多网店经营者都会显得束手无策，不知如何才能防止顾客的流失。

其实细究之后不难发现，需求不能得到切实有效的满足往往是导致顾客流失最主要的原因。

一、顾客流失

顾客流失通常有以下几方面的表现

1. 店铺商品质量不稳导致顾客利益受损

有的店铺在开始的时候会选择一些质量好、价位稍高的商品来销售，主要目的就是为了能够为店铺招揽人气。但是，一段时间后人气慢慢积攒到一定程度，此时经营者就会用一些次品来充数，他们会把产品图片整理得很美观，然后再用一些低劣产品去充当之前比较高档的产品，这就意味产品的质量大打折扣。长此以往，顾客流失也就在情理之中了。

2. 店铺缺乏创新导致顾客“移情别恋”

不管是哪一种产品，它们都拥自己的生命周期。有些产品的更新换代速度特别快，这就需要网店经营者要重视店铺、产品的创新。随着独立网店系统的成熟及商品价格透明度的增高，对于产品的选择，顾客们的选择空间可谓是越来越大。所以，如果店铺不能及时进行创新，顾客自然就会另寻他路，毕竟买到最优质、最新鲜、最实惠的商品才是顾客所需要、所追求的。

3. 店铺内部服务意识淡薄导致顾客去寻找下家

店铺内部服务意识淡薄通常也会导致顾客流失。例如顾客在阿里旺旺或者腾讯 QQ 上询问产品情况，很长时间都没有客服进行详解，这时顾客一定会关掉该网页去寻找下一家。此外，客服服务态度差、傲慢等，这些都会导致顾客流失。所以这就提醒网店经营者要认真对待顾客所提出的问题，并针对顾客的疑问作出详细的回答。及时帮助顾客解开他们所面对的疑问，也是一种能够防止顾客流失的方法。

4. 顾客遭遇新的诱惑

随着市场竞争的越发激烈，一些竞争对手通常都会通过一些非正规的手段迅速在市场上占据有利地位，他们往往会不惜代价地做低价促销、做广告，以一种“毁灭性打击”的姿态去吸引更多的客源。“重金之下，必有勇夫”，顾客“变节”也就不是什么奇怪的现象了。

此外，个别顾客自恃购买次数多，为买到网上最低价格的商品，他们在购买每一件商品的时候都会搜索其他店里的商品最低价来进行对比，否则就以“主动流失”进行要挟。不过如果网店经营者最终仍是无法满足他们的特殊需求，他们也只会善罢甘休。

通过以上一些原因了解了顾客是如何流失的，至于如何“对症下药”，进行防范，这还需要网店经营者们结合自身情况，对症下药，才是根本。

二、防止顾客流失的方法

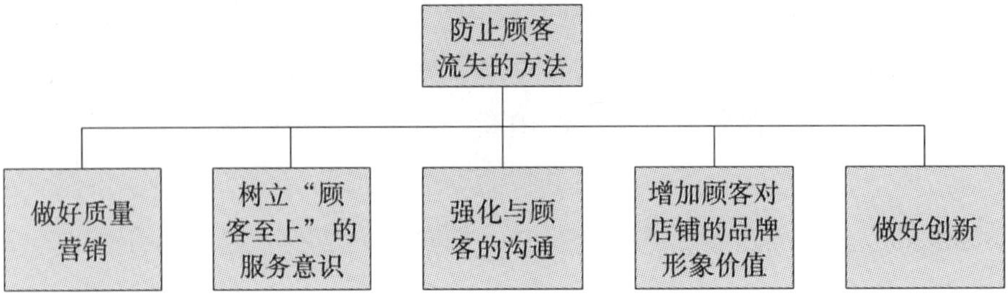

1. 做好质量营销

想要尽可能地防止顾客的流失，作为网店经营者首先要明白产品质量才是锁定顾客最好的保证。它是保持增长和盈利的唯一途径，也是对付竞争者最有力的武器。由此可见，网店经营者只有在产品的质量上下大工夫，才能保证商品的可靠性、精确性以及耐用性等价值属性在市场上取得优势，才能为商品的销售及品牌的推广打下相对良好的运作基础，也才能真正吸引客户、留住客户。

2. 树立“顾客至上”的服务意识

“顾客就是上帝!”这个相对比较普遍的口号可谓是将顾客至上的理念体现得淋漓尽致。从事服务业，顾客就是市场。也可以说，顾客就是利润，经营者能否留得住顾客，往往就意味着他们能否在自己的行业中摘得硕果。经营网店也不例外，甚至更为重要。只有培养正确的服务意识，才能保证店铺的人气。

3. 强化与顾客的沟通

作为网店经营者，在面对每一位顾客的时候，都要尽可能地让对方了解店铺的经营理念和服务宗旨，以便快速获取新顾客的信任。在沟通过程中，如果遇到了矛盾，经营者应当尽快找到矛盾的根源并及时处理，解决问题，在适当时候还可以选择放弃自己利益保全顾客利益，如此一来顾客自然会感激不尽，这在很大程度上增加了顾客对店铺的信任，产生重复购买的欲望。

4. 增加顾客对店铺的品牌形象价值

这就要求店铺一方面通过改善服务和促销网络系统，减少顾客购买产品的时间、体力和精力的消耗，以降低货币和非货币成本。另一方面通过改进商品、服务、人员和形象，提高自己店铺的品牌形象，从而影响顾客的满意度和双方深入合作的可能性，为自己的店铺打造出良好的品牌形象。

5. 做好创新

店铺的商品一旦不能根据市场变化作出调整与创新，就会落于市场的后尘。所以，网店经营者只有不断地迎合市场需求和时代变化，才能真正赢得更多顾客的信赖。也只有走在市场前面、引导客户、驱使市场发展的经营者，才能最终取得成功。

总之，防范顾客流失的工作就像是一门学问，也像是一门艺术。它需要网店经营者不断地去创造、传递优质的顾客价值，才能最终获得、保持和增加老顾客。

网店盈利箴言

网店经营者只有找到适合的方法，防止顾客的流失，锻造店铺的核心竞争力，才能拥有使自己的店铺立足网店市场的资本。

如何有效利用老顾客增值

绝大多数的网店经营者都不愿意在老顾客身上花费过多时间和心思。纵使有的经营者会注重与老顾客的交流与沟通，但最终也只是赢得一小部分的回头客。其实网店经营者完全可以做得更好，因为如果有效地利用老顾客增值，老顾客所带来的利润是十分丰厚的。

能否切实地利用老顾客增值，为自己赢得更多顾客，主要取决于网店经营者是否找到适合的方法去引导他们。以下是经营者应当关注的几个方面：

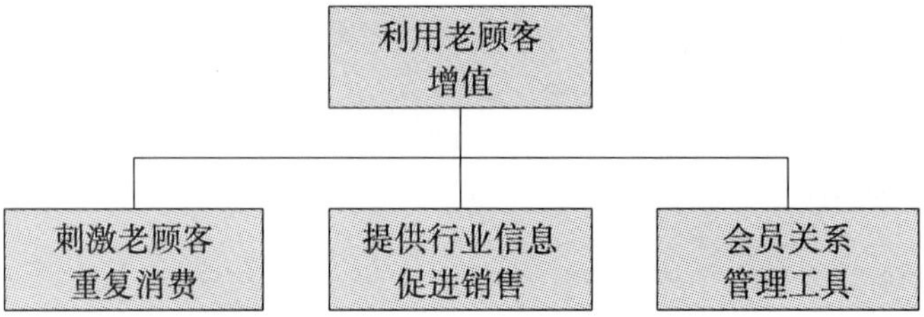

一、刺激老顾客重复消费

网店经营者可以为老客户们提供一次优惠价格或者用其他的激励方式来吸引他们再次进店消费。

其实这样做的主要目的就是为了与老顾客建立一种亲密的关系。这就要求经营者要多关注周围的老顾客，多去了解他们的动态，他们所需要的、所追求的，都是经营者应该努力的方向。如果经营者始终坚持顾客至上的理念，不断地从老顾客的角度出发，设身处地地为他们着想，让他们获益，通常就会收获不一样的效果。此外，将一些优惠活动的消息传递给老顾客，还可以让他们有一种优越感，从而激发重复消费的欲望，并且日后还会有机会创造出更多的财富。

二、提供行业信息促进销售

将市场的最新动向传递给老顾客，并给他们提供更多的行业信息资讯，让他们有免费试用新产品的机会，顺便提醒他们新市场的发展趋势，提供机会让他们提前预订，这样做也可以增加销售。

当然，这里说的行业信息并非一定是要与一些店铺产品有关，网店经营者可以把老顾客当作朋友，将自己认为有价值的资讯、建议等与他们进行交流，同他们一起分享。总之，网店经营者要想方设法让老顾客明白，自己更关注的是他们的自身利益而不仅仅是他们口袋里的钞票。

如果网店经营者能够发自内心地关注老顾客的利益，而不是自身的利益，那么就能和老顾客之间建立一种紧密的联系。而一旦能够将彼此之间的关系上升到这种高度，提高店铺业绩也就是很轻松的事情了。

三、会员关系管理工具

会员关系管理工具是淘宝研发的一个帮助网店经营者管理自己会员的工具。通过会员关系管理工具经营者可以很清晰地了解会员的信息，加强店铺与会员之间的联系，提高会员忠诚度，继而可以有效利用他们达到店铺增值的目的。

网店经营者可以根据顾客购买的金额和件数设置会员等级要求，同时设置不同等级会员对应的折扣。然后，顾客根据经营者所设定的要求，成为会员之后就可以获取卖家店铺的会员卡。由于它所代表的关系链最牢固，所以能为经营者锁定大量的老顾客。

会员关系管理工具是一项收费的服务，网店经营者需要开通订购才能够使用。以下是订购及使用此项服务的具体步骤：

（1）首先登录进入淘宝后台，单击“软件产品，服务”栏目下的“我要订购”进入服务订购页面。单击此页面中的“会员关系管理”。

（2）然后进入服务订购信息页面，在这里有订购服务的名称、期限、支付金额等信息。选择好需要订购的期限，单击底部的“付款”按钮。

（3）页面随即会弹出信息确认付款页面，在确认好付款信息之后，单击底部的“去支付宝付款”按钮。

（4）打开支付宝余额支付页面，确认支付宝账户余额足够支付服务费用后，在支付密码框中输入支付宝的支付密码。完成后单击底部的“确认无误，付款”按钮。

(5) 页面最后转入付款成功页面，并且会有系统消息在阿里旺旺聊天工具上弹出，提示已经成功缴纳会员关系管理服务费，这表示这项服务已经订购成功。

(6) 订购成功之后网店经营者需要重新返回“淘宝后台”，单击“营销中心”栏下的“会员关系管理”进入会员关系管理页面。

(7) 默认显示的是会员详情页面，这里有网店经营者所有买家的列表。网店经营者可以在这里通过不同的方式筛选出自己想要找的会员，包括按照“会员级别”、“会员昵称”、“交易时间”、“交易额度”，等等。单击一个老顾客右侧的“会员资料”。

(8) 进入会员资料详情页面后，在“会员等级”选择处可以手动升级顾客的级别。目前等级可以分为“普通会员”、“高级会员”、“VIP 会员”、“至尊 VIP 会员”这四个等级。在下面的“备注”栏中，网店经营者可以按照每位会员的喜好或者购买产品时提出的特殊要求进行总结备注，方便下次更好地服务此会员。全部设置好之后，单击底部的“保存”按钮完成修改。

(9) 还可以设置会员等级条件，让其自动执行。单击“会员等级管理”按钮，进入会员等级管理页面。系统默认，只要拍下网店经营者的商品并完成付款，马上就会成为店中的普通会员。网店经营者可以设置其可以享受的折扣率。然后，还可以设置“高级会员”、“VIP 会员”、“至尊 VIP 会员”这三类会员的等级满足条件以及相对应的顾客可以享受的折扣率。设置好之后，单击底部的“保存”按钮，完成修改。

通常情况下，顾客都不会对某一家店铺太过于热衷，只要网店经营者一段时间不联系他们，他们就很容易遗忘。所以，想要真正利用老顾客增值，就一定要注重维护好与老顾客的关系，时常保持联络，这样才能取得网店经营者想要的效果。

网店盈利箴言

老顾客永远是给店铺创造利润的一个最大也是最稳定的群体。

盈利关键11

诚信经营：

店无信不立，信誉是网店生存的“氧气”

诚信是最好的招牌

诚信，已经越来越紧密地联系着我们的生活。在许许多多的买卖交易中，诚信都充当着一条必不可少的纽带。人们常说做生意要讲究诚信。在实体店购物的时候消费者可以直接接触到产品，能够验证产品的质量。而在网上购物，消费者无法真正接触到产品，也无法验证产品的质量，所以诚信在网购中显得尤其重要。

经营好一家网店的关键就在于诚信经营。随着互联网经济的快速发展，商业社会发展越来越快，人与人之间的接触越来越少，在这个时候，诚信经营是非常重要的。如果将网店经营者与顾客之间的交易比作一座楼房，那么诚信就是支撑楼房的地基。绝大多数的消费者都对网上购物心存芥蒂，很大一部分原因就是因为他们要承受很大的诚信风险。所以，网店经营者要秉承诚信的理念去经营自己的店铺。而如何做到诚信经营，则变成绝大多数网店经营者所关心的问题。

经营网店重在讲究质量和信誉，所以怎样开好网店，还是需要着重进行分析研究，这样才能找到问题解决的办法，也才能在大量的店铺中鹤立鸡群，实现盈利目标和人生价值。诚信其实就是网店最好的招牌。而在树立招牌的过程中，有几个值得注意的方面：

一、个人资料

在注册的时候，网店经营者要保证自己所填材料的真实性和完整性，这样可以增加消费者的信任感。当消费者关注了产品后，他们就会去了解经营者的相关资料以及产品的相关信息，包括诚信度的高低。所以，真实、完整的个人资料通常可以给消费者留下一个良好的印象。

二、经营理念

不少刚刚接触网店的经营者都会认为经营网店赚钱很容易，至少形式上很轻松，每天可以听听音乐、看看电影。其实不然，经营网店的过程虽然比较轻松，但是通常到了月底就会为为数不多的业绩犯愁。为了避免这种情况发生，网店经营者一定要找到适合自己的经营理念以及最终目标。

此外，既然踏上了网店经营的道路，经营者就应该清楚一些必要的流程：哪些产品是当下比较流行的，哪里的产品最便宜，哪里又有比较新潮的产品……这些都是网店经营者每天要问自己的。制定合理的产品价格以及完整的推广方案，写较为详细的产品介绍，培养具有亲和力的咨询技巧，等等。久而久之，这些都会逐渐融进经营者的经营理念中，成为别人羡慕的经验。

三、诚信为先

诚信，可谓是中国商人从古至今的一个传统美德，它对于网店经营来说也是必不可少的。并不是所有的交易都是顺利的，当交易结束后，有些顾客会向经营者反映自己所收到的产品与图片不符。这时，很多网店经营者就会认为他们是故意在鸡蛋里面挑骨头。但是更多时候经营者应该站在顾客的角度去思考问题，从自身找原因，看自己是否真的做到了诚信为先。

诚信为先，是如何更好地经营网店的精髓。你可以骗顾客一次，但是可能永远都骗不了他第二次，更严重的是，他有可能永远都不再相信网上购物了。所以，诚信缺失无疑是害人害己。

四、产品描述要真实

产品文字描述具体，包括规格、型号、性能等信息。图片最好采用实拍，并多角度拍摄，充分展示细节部位。

五、信息变动，及时更新

产品如果缺货，要及时注明；产品特性发生变动，要及时修改；联系的厂家或者供应商发生变化，要及时更正，以免发生不必要的误会。

六、服务态度是基础

从事服务业，态度是基础。而经营网店也相当于是服务业。也就是说，想要经营好网店，你首先要让你的顾客感受到与你的交流是舒服的、愉快的，而不是让他们感受到你的不耐烦、情绪化。其次，你所需要做的就是要尽量让顾客在最短时间内了解你所销售的产品，直到最终购买以及给你好评，这很有可能是一个极其漫长的过程。而在这个过程中，除了要保证产品质量以及价格优势外，你的态度通常会起到决定性作用。

"你好，亲，有什么我可以帮助你的吗？"
"你真有品位……"
"真不好意思，你看……"
"这个问题在我们，我们一定尽快完善！"
"您现在已经是我们店里尊贵的VIP了……"
"欢迎下次再来！"

这些能使沟通气氛更融洽的谈话技巧你能恰到好处地运用吗？这就是咨询技巧，这就是服务态度。在经营网店之前，经营者其实可以先去一些小公司锻炼一下，学习一些沟通能力和处世态度，使自己更具亲和力，也更加谦虚和蔼。当与顾客产生争执的时候，网店经营者要学会主动退让，不成单不气馁，同时也不要埋怨客户。

七、合理利用第三方认证

如果拥有权威的第三方认证和客观的顾客评价，网店经营者就可以把这类信息充分地利用起来；如果有实体店，可以拍摄相关图片，并配以详细地址和真实的联系方式；还可以将自己各类证书都上传到网上，放在产品页面中以提升形象。与此同时，网店经营者还要公开网店信息，这样能够使顾客感觉更加真实。

总之，网店经营者想要使自己的店铺逐渐兴旺起来，就得不断地维护好诚信这块招牌，只有当你积攒到了顾客的信赖，他们才会认可你的产品。

网店盈利箴言

诚信就是网店存活的氧气，失去了诚信，网店经营就会面临窒息的危险。

诚意沟通为店铺积攒人气

在经营网店的时候，以交易为目的的沟通就是一个揣摩对方的心理，同时让对方接受自己主张的一个过程。而站在顾客的角度上去看的话，他们通常情况下都会对网店经营者产生质疑。那么，如何打消顾客的这种心态呢？除了在商品的介绍、图片等方面多下工夫外，与顾客的沟通就成了最为关键的一个环节。网店经营者一般需要注意以下几方面：

一、让顾客感觉到专业

这一点很重要，对自己所经营的事业用心、表现出专业，这是对网店经营者最起码的要求。专业通常可以让顾客感觉到真诚，继而也愿意相信产品或者服务的质量。认真地对待每一个细节，就是让顾客感觉到专业服务的最好途径。下面就举一个例子：

小张在网上经营一家羽绒服专卖店，由于他一直都秉承着顾客就是上帝的理念，认真对待每一位顾客的提问，耐心地给予讲解，店铺的生意越来越红火。问其秘诀，小张笑着说："顾客既然问你，说明他们的心中存在很多疑虑，而他们选择问你，就意味你占据着一个主导地位，他们相不相信你，完全取决于你回答了什么！所以，在回答问题的时候，千万不要用模棱两可的话去敷衍向你提问的顾客，你所说的'大概'、'可能'、'也许'、'应该'等词都会让对方加深对你的不信任。这不是你想要的结果，更不是他们想要的回答！"

因此，让顾客感受到专业才是打开彼此交流大门的第一步，只有当他们完全卸下心理防备，网店经营者才能进一步表现自己的真诚。

二、让顾客感觉到诚意

这也是第二大关键点，当网店经营者已经使顾客卸下心理防备，相信专业的产品或服务介绍后，诚意便是不可或缺的条件。这就需要网店经营者尽可能地去揣摩顾客的心理。说到揣摩顾客的心理，就不能不提一个问题：购物的时候，顾客最讨厌什么样的卖家？或者换个说法，顾客从心理上最不能接受的情况是什么样的？很多经营者也许会说，顾客最讨厌买到价高质次的东西。其实很多时候，即使顾客买到了便宜货，也并一定会满意，而买了高价品，也未必会不高兴。这就说明顾客的负面情绪，通常很大程度上是和价格无关的，主要取决于网店经营者的态度。顾客一旦感受到了网店经营者的诚意，往往就会产生重复购买的欲望。付出诚意能收获永远的信任。

三、永远不要代替买家做决定

最后是否购买产品是顾客最大的权利，所有想要剥夺顾客这种权利替人做决定的网店经营者都是相当愚蠢的。在消费者的心里，除了满足实际的需要之外，获得精神上的成就感和猎奇的满足感也是非常普遍的。网店经营者一定要努力创造一个环境或者条件，让顾客高高兴兴地做出购买的决定，但绝不是靠花言巧语的骚扰让顾客被说昏头之后做出购买决定。通常情况下，顾客在清醒之后会有一种上当受骗的感觉，当收到货物之后，又会由于不是自己真心想要的而对产品以及网店经营者感到失望。所以，替买家做购买决定并不是一件多么明智的事情。

在网上销售，顾客唯一能够了解的就是网店经营者的言辞。所以说，真诚的沟通才是为店铺积攒人气的利器。那么，如何做才能算是与顾客进行诚意的沟通呢？

四、沟通的技巧

在初次接触时，过分热情往往令人反感，应避免这样的话语：“您想要买什么？”

网上购物，顾客通常可以比较自由地“逛街”，不用去担心一进店就有导购员在身边不停地问：“您需要买什么？我可以帮您介绍！”因为很多时候顾客都是抱着先看一看的心理进店的，导购员过分的热情通常会使顾客比较厌烦。那么，在与顾客的初次交流中，网店经营者完全可以不提是否购物的事情。因为如果对方有需求，他们就会主动提出，那时候及时跟进才是最需要做的。适当的接待、朋友一样的寒暄、专业的精神，才是网店经营者最需要表现的内容。例如可以像这样开头：

顾客："你好，在吗？"

掌柜："上午好，让您久等了。"（注：即使是立刻回答了人家，也要这样说。）

顾客："你店里的这款暖手宝很漂亮！"

掌柜："多谢夸奖，这款暖手宝是昨天新到的货，人气很旺，你很有眼光哦。"（注：可以稍微恭维一下，同时把一开始的"您"的称呼，悄悄转变成"你"，这样可以起到与顾客拉近距离的作用。）

顾客："我还想多逛逛，你的宝贝都有货吧？"

掌柜："当然，宝贝目前都还有，但是这款暖手宝销量很好，所以库存在时间上我们无法给你承诺，不过我们会尽快补货的。如果你真的喜欢我们也可以给您留货。"（注：鼓励顾客多逛其实没有坏处，因为即使你不鼓励人家也会逛，你还不如借此给顾客留下一个对顾客友善、对自己的商品自信、同时又不那么功利的印象。此外，交流结束的时候称呼顾客为"您"会显得比较正式。称呼自己用"我们"比用"我"更能让顾客感觉到你的专业。）

顾客："那回头再见！"

掌柜："回头见！"（要结束就干脆点，婆婆妈妈容易耽误顾客时间，反而会使人反感。但是，或多或少地都要表达一点自己期待的心情。最后不要忘了加顾客为好友。）

将上述技巧归结起来就是，既不店大欺客，也不谄媚献乖，努力塑造自己的形象，坚持自己的格调，恰到好处的热情和真诚，才是吸引顾客最有利的武器。

五、与顾客产生共鸣

最后这一个关键点，需要网店经营者细腻地去寻找自己与顾客的共通点，也就是人们常说的寻找共鸣。从网店经营的角度上来说，如何才能迅速地和一个陌生人由生变熟，直到建立某种信任关系，本身就是一种沟通的大技巧。所以，利用一切信息去取得“共鸣”就是很高级的一种进阶能力了。简而言之，就是网店经营者需要迅速地找到与顾客的共同话题，以诚待人，寻找对方的切身需求。以下是努力与顾客产生共鸣的四种方法：

1. 研究顾客的网名、账户名或者阿里旺旺的名称

这些名称通常都可以透露出很多个人信息。所以，网店经营者在与顾客接触的第一时间里，不妨仔细读一下对方的这些名字。因为这种共鸣是非常强烈的。基本上，顾客会直接把能够说出自己所知道或者感兴趣话题的网店经营者当做同类看待，那么，剩下的事情也就会非常顺利了。这也就要求网店经营者要储备各种知识，以便能与各种顾客进行深入交流。

2. 研究对方以往的购买记录

查看顾客的购买记录也是一种积累信息的方法，通过对顾客的充分了解，网店经营者才能针对对方的特点表现出自己的诚意。

3. 查查对方的帖子

多查看顾客在论坛中发的帖子，也可以搜罗出很多关于顾客的信息，而通过这些信息，网店经营者则能够分析出对方某一方面的爱好或是比较反感哪一方面。

4. 注意顾客对商品的感觉

这一点需要经营者特别注意，经营网店，归根结底就是为了使自己的商品售出，并且能不断地售出。这就需要依靠回头客，而只有当顾客比较肯定商品的时候，他们才会充当宣传者，为店铺增添客流。所以网店经营

者要特别注重顾客对商品的感觉，如果顾客满意了，经营者就要精益求精，如果不满意，经营者就需要寻找不足，竭力改进。

总之，网店经营者想要使店铺人气旺盛，就一定要注重诚意沟通。只有让顾客感受到真诚，他们才会逐渐坚定自己的购买决心，甚至激发重复购买的欲望。

网店盈利箴言

顾客是检验网店经营者“成色”的唯一试剂。能做到诚意沟通，就意味着经营者比顾客多想了一步。比其他竞争者多想了一步，也意味着经营者比市场多想了一步。

案例：下岗妈妈开网店，创业成功

随着互联网的日益风靡与普及，越来越多的人开始多了一个网民的身份。而网络除了带给人们便捷快速的信息传达方式以外，还在潜移默化之下改变了人们的消费观念。让人们潜意识中逐渐萌生出一种理性消费、享受生活的理念，也慢慢形成了属于自己独特的“新消费文化”——乐于分享、口碑传播，而这一文化又催生了“诚信、透明、责任”的新商业文明，这种新商业文明开始引领人们走向一个快速、便捷的新时代。与此同时，通过经营网店来赚钱这种方式也越来越占据着不可取代的地位，而如果人们想要从这种经营模式中挖得属于自己的那桶金，诚信就是必不可少的第一步。

以下就是一则依靠诚信白手起家、创业致富的案例。

下岗那年，她35岁，独自抚养7岁的儿子，可以说她是一位坚强的母亲。她没有因为婚姻受挫而放弃生活，也没有因为人生的坎坷而向命运低头。几经思考后，她选择了经营网店这条路。

就在自己租的一个12平方米的车库里，她借了几千元买了电脑，开始在淘宝网上做生意。她最先开始接触的是十字绣，因为这个宝贝少，可能有发展的余地。在网上搜索的时候，她发现有很多销售十字绣的网店，几经对比，她决定还是代理十字绣。起初，生意不是很好，外加有很多东西她都不是很了解，导致她在原本就很激烈的竞争大潮中面临着被淘汰的危险。第一个月，她连100元都挣不到，甚至还赔了不少钱。

面对这种情况，她极力撑住，不断地去寻找原因。她发现很多顾客都会带着一种质疑的态度去看待网上购物，当然，这一点是情有可原的，因为他们根本看不见产品，怀疑是很正常的。这里就牵涉到一个诚信问题，但纵使她再有诚意，顾客也无法真正感受到。有一段时间她真的想要把自己的心掏出来挂上网，让前来购买产品的顾客真切地看到她的真诚。不过，冷却过后的她没有病急乱投医，去冒险走“刷钻”之路，而是极力细致地审视自己，分析市场，洞察顾客的一切需求。

她发现，有些顾客购买十字绣并不是因为自己会绣，而是一种突破自我的尝试，例如她总是会接到很多顾客这样说：“十字绣难吗？我从来没有绣过，总是看着别人绣得都很好看，我也想尝试一下！”“总有人说我是个假小子，我从没有干过针线活，对这些东西也是碰都不碰的，但是我想突破自己一下，去尝试一些自己从来没有做过的事情！”“在你店里买十字绣能免费教我怎么绣吗？绣不好怎么办呢？”

她是一个十字绣高手，在她看来，十字绣是一件十分简单的事情。所以起初，在面对诸如此类的顾客时，她通常都是哭笑不得，有些不知道该如何接话的感觉。后来，她渐渐学会站在顾客的角度去思考问题。让一个从未下过厨房的人和一个五星级大厨同时去做一盘西红柿炒蛋，两者之间是没有可比性的。她逐渐意识到自己所面临的就是这个问题。在她看来十分简单的事情，对那些从未绣过十字绣的人来说可谓是比登天还难。更加棘手的是，有的顾客还会在询问十字绣的时候摇摆不定，犹豫着自己到底要不要绣。在面对这种顾客的时候，她从来都是站在顾客的角度去替他们着想。

通常情况下，她都会从以下这三个问题着手，去询问顾客："你为什么突然想绣十字绣?""你觉得你适合绣哪种十字绣?""你最看重十字绣的哪些特点，是质量还是图案?"她会将顾客当做自己的朋友，一点一点地去引导对方熟悉十字绣，继而对十字绣产生兴趣。就是在这样的细致讲解中，她所流露出的真诚逐渐被顾客所肯定、赞许，回头客也越来越多。

在进货的时候，她都亲自把关。她将自己写的一句话挂在了网店的首页，时刻提醒自己："保证质量，就是对顾客负责；保证态度，就是对自己负责!"

此外，她还别出心裁地根据图案给每一件十字绣都起了十分古典的名字，并且编了一些小故事，外加精美的图片显示，可谓是吸引了无数眼球。渐渐地，她的生意越来越火爆，生活条件也越来越好。但她没有懈怠，不断地扩张自己的店铺，进行精装修，并且承诺："凡是在本店购买的十字绣出现绣错、难绣情况的，可以免费代绣。"或者可以付费代绣整套十字绣，价格要比其他店铺低很多。她的诚信为店铺积攒了很高的人气，信誉也大幅度上升。

再后来，随着店铺的不断扩大，她开始兼营一些品牌毛线、品牌内衣，等等。不断充实自己的同时她也从未忘记诚信第一的宗旨，后来还出现这种情况：有些顾客一看到是她的店，都会不加交涉地下单购买。在评论中也有很多顾客表示："我是追随者，我就是追随店主进入这个店的，希望店主以后可以涉及更多的产品，这样能给我们买家节省不少时间，也节省不少口水，因为我们信得过店主，也信得过产品!"

看到这里，很多经营者可能会比较钦佩这位下岗妈妈。她没有高学历，没有好背景，甚至比普通人更普通。然而，她有的是一颗朴实无华、真诚的心。她能够设身处地地站在顾客的角度去思考，为他们着想，更懂得诚信经营对于一家淘宝店来说意味着什么。有些网店经营者在面对顾客一些“傻里傻气”的问题时会显得十分不耐烦，或者隔着屏幕还在谩骂，这样的态度永远都不会为店铺带来人气。

其实，每一个创业者的成功都不是偶然得来的。它都是需要历经努力，一分一秒积累起来的。店无信不立，而网店经营者的诚信一旦被顾客所认可，就意味着将给店铺带来令人羡慕的春天。

网店盈利箴言

诚信经营胜过一切能让店铺人气高涨起来的方式。让顾客感受到真诚，是店铺生意经久不衰的秘密法宝。

案例：淘宝“潜规则”——刷信誉遭遇“黑吃黑”

所有的网店经营者都清楚信誉对于一家店铺的重要性。在网上购物，顾客最看重的就是经营者所销售产品的质量以及经营者的服务态度。换言之，就是指消费者比较重视经营者是否讲信用。然而，随着网店的普及，越来越多所谓的“信誉”都是经营者通过一些“刷钻平台”刷出来的，而其内幕以及有可能引发的严重后果通常会让人不寒而栗。以下就是一则关于刷信誉酿成恶果的案例：

一家“刷钻”网站倒闭，卷走了全国众多淘宝店主的“刷钻”担保金，少则几百元，多则几万元，这无疑是上演了一出“黑吃黑”的闹剧。

事发之后，受害店主们组建多个QQ群商量维权，一些店主还向公安机关报了案。其实上网搜索不难发现，诸如此类的“刷钻”网站还有很多家。当“刷钻”横行时，淘宝网的信用度还可信吗？消费者权益又该如何保障？

小吴在网上经营了一家店铺，主要销售保险箱。他在网上看到广告，称可以通过一种“刷钻”平台来拉高网站的“销量”和“信誉度”，这个平台就是“刷钻网”。小吴可以在这个平台里发布“任务”，请网友去自己的淘宝网店买东西，然后他再通过“刷钻网”将钱退回去。

例如，小吴卖一款价值1 000元的保险箱，在出售之前他必须先存1 000元到“刷钻网”，作为“平台存款”。网友接到任务之后就会前往他的淘宝网店，拍下那款保险箱，然后通过支付宝付款给小吴。收到钱之后，小吴并不用发货，而是把自己在“刷钻网”存的那1 000元“平台存款”，转到网友在“刷钻网”的账号，这就相当于退了款。

这样一来，小吴并没有卖出保险箱，而淘宝网却多了一笔信誉，并且还得到“好评”。除了“发任务”卖东西，小吴也可以“接任务”——前往别人的网店买东西，别人再在“刷钻网”上把钱退给他，这样他在“刷钻网”上的“平台存款”就又增加了。

这种循环的虚假买卖，小吴每周都会进行十几次。他通过这种方式为自己增加了上百次的销量。根据淘宝的规则，400多次的销售量就能使店面多出一颗钻。在购买产品的时候，这些“钻石”、“皇冠”的信誉度，就是消费者优先考虑的重要指标。

小吴声称这个网站“发任务”、“接任务”的速度都非常快，往往一个“任务”发出几分钟，就有人接了，“应该是有很多网友一直聚在这个网站上”。

2011年3月的一天，小吴突然发现这个网站不能正常登录了。网站上还打出《公告》，称由于管理存在漏洞，“平台负责人”从2010年10月开始每天洗走大量现金，致使网站“破产倒闭”。撰写“公告”的人自称“天语”，他在《公告》中表示：“网站的一切业务都将暂停，等到公安机关追回被盗款项，将嫌犯逮捕归案后，我们再开放。”

可是，小吴还有4 000元“平台存款”在网站上。根据网站的规定，小吴本可以申请将这些“平台存款”全部变现，退回到他的支付宝，可是现在他还没来得及申请，网站就瘫痪了。小吴称像他这样遭受损失的网店经营者还有很多，事发之后他们组建了多个QQ群，商讨处理事宜，其中一个QQ群里有357人，几乎都是参与“刷钻”的网店经营者。他们声称自己因“刷钻网”的倒闭而亏损了几百元、几千元，有的甚至达到上万元。据他们估算，网站卷走的资金可能高达几百万，甚至上千万元。

在天涯社区，网友“亲爱的偏执狂2010”发帖称：“通过该网站的众多Q群网友反映，部分超级VIP会员在平台存放的刷钻流转资金超过了1万元，根据各Q群会员申报的涉案金额统计，已经超过了500万元。”

“亲爱的偏执狂2010”还表示：这一事件发生在“3月4日，但是在那一天，他们并没有出公告，说服务没有这么快，同时还发出招聘信息，说要招聘新的业务员。这样的方式诱导了更多人被骗。直到3月11日他们才发出这一公告。这段时间里他们可能在将资金进行转移。”

在此次事件中，受骗的店主们有着微妙的心态，他们一方面希望向公安机关报案，或是向淘宝提出维权；而另一方面，“刷钻”本身就是违规的，网店经营者们也担心受到淘宝制裁。

在网上搜索“网上刷钻”，可以搜出149万多条相关内容，浏览搜索结果不难发现类似“刷钻网”、“刷信誉网”、“刷钻平台”等的平台为数众多。

“刷钻”、“刷信誉”已经逐渐成为经营网店的“潜规则”。不要说一些新开的店没有人气，很难取得消费者的信任，所以需要通过“刷钻”来提高信誉，纵使是一些老店，也需要通过“刷销量”来推销自己的新产品。随着网店的普及，“刷钻”、“刷信誉”已经逐渐形成一种产业，那些依靠给人刷钻来赚钱的人通常都能收取很高的报酬，收入相当可观。

不过淘宝回应：已对“刷钻”进行排查，一经查实，“封店没商量”。

面对淘宝“潜规则”，很多人都不禁怀疑网上购物的可信度。对此，淘宝网相关负责人员作出回应：“对于这种‘刷钻’行为，淘宝网是严格禁止的。网站有一个专门的系统对此进行监控，如果同一个ID短时间内出现大量的交易，系统就会介入，暂停该ID的交易，如果查到是‘刷钻’的行为，就会立刻进行封店，这是没有商量的！”除了机器监控之外，淘宝网还安排了专门的人工小组对“刷钻”进行全面排查，以确保网上购物的真实性和可信度。

网店盈利箴言

信誉就是一家网店存活的“氧气”，虚假的信誉终究会使店铺陷入真空状态，想要在飞速发展的网络世界自由呼吸，网店经营者就一定要重视信誉问题。

盈利关键 12

评价管理：

“好评如潮”的时代，一个差评足以摧垮你的网店

淘宝信誉评价规则

当买卖双方在淘宝网上完成一笔交易之后，彼此都有对该笔交易作出评价的权利。一则简短的评价往往标志着网店经营者的信誉，它也是淘宝网用户诚信的重要标记。所以，在进行评价时，消费者要秉着客观、公正、负责的态度，写出自己最真实的感受。然而，在作出评价之前，消费者首先应该清楚淘宝网评价体系的有关规则。淘宝网评价体系总则主要是由信用评价规则和店铺评分规则两部分组成。

信用评价规则仅适用于淘宝网个人交易平台上的评价操作及查看；而店铺评分规则则适用于淘宝网个人交易平台和淘宝商城。此外，淘宝有权根据相关规则删除评价积分。

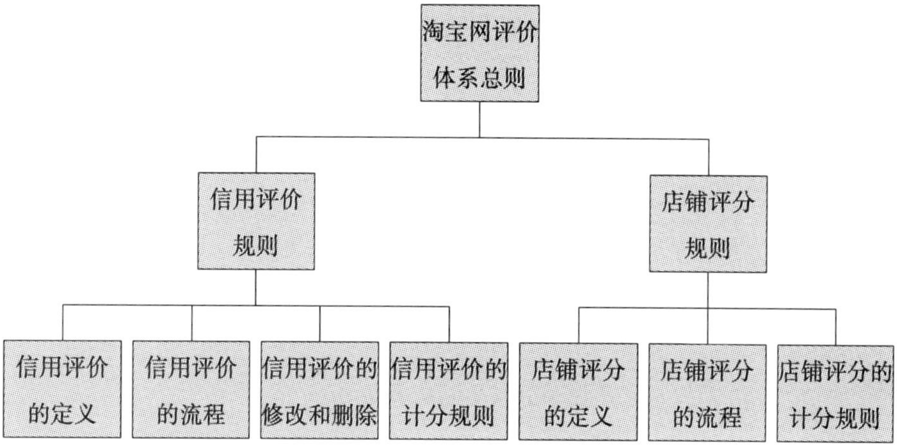

一、信用评价规则

1. 信用评价的定义

其实，信用评价的定义很简单，也很容易理解，就是指买卖双方有权对对方的交易情况作出评价，而这个评价就是所谓的信用评价。评价可以分为"好评"、"中评"、"差评"三类，每一种评价都会对应一个积分。评价积分的计算方法具体为："好评"加1分，"中评"0分，"差评"扣1分。而信誉度则是指对会员的评价积分进行累积，并在淘宝网页上进行评价积分显示。评价期指的是交易成功后的15天。

2. 信用评价的流程

（1）当一笔交易显示"交易成功"的时候，顾客和网店经营者可以在交易成功后的15天内登录淘宝网，进入"已买入的宝贝（已卖出的宝贝）"进行评价。如果交易过程中出现退款情况，且顾客选择"未收到货"或"要退货"，那么退款成功以后，这笔交易就会视为取消，并且不会发生评价，也不会产生评价积分。

（2）在进行评价的时候，顾客可以选择匿名评价。选择匿名评价之后，顾客的评价就不会显示自己的用户名，那么，这笔交易的出价记录与评价记录都会是匿名显示，但是匿名评价并不影响评价积分的产生。若顾客没有选择匿名评价，那么，在交易评价完成后的30天内，顾客还有一次将评价更改为匿名评价的机会，更改完毕之后，这笔交易的出价记录与评价记录就都将是匿名显示，但此评价将不重复计分。此外，需要注意的是，非匿名评价可以更改为匿名评价，而匿名评价不能更改为非匿名评价。

（3）在评价过程中，如果一方给出好评而另一方在规定时间内未作出评价，那么，在交易成功的15天后，系统将自动默认给予评价方好评。

如果在评价期间，一方作出了“中评”或“差评”，而另一方在评价期间内未作出评价，系统则不给评价方默认评价。

如果评价双方在评价期间都未作出评价，那么双方均不会产生评价积分。

以上仅限个人交易平台，买家给予淘宝商城的商家有效的店铺评分后，淘宝评价系统会默认给予买家一个好评，并产生评价积分。

（4）每个自然月中，相同买家和卖家之间的评价计分不得超过6分（以支付宝系统显示的交易创建时间为计算依据）。超出计分规则范围的评价将不再叠加计分。若在规定期限内（以支付宝系统显示的交易创建时间计算），相同买家与卖家之间就同一商品有多笔支付宝交易，那么，多个好评只计1分，多个差评只记-1分。

3. 信用评价的修改和删除

（1）在评价生成后的30天内，评价方有一次自主修改或删除评价的机会。这仅限于“中评”或者“差评”。评价方可以与对方进行相应的协调，最终将“中评”或者“差评”修改成“好评”，也可以进行删除。经修改后的评价不能被删除或再次修改。

（2）当评价方确认需要修改或删除评价，需要先登录“我的淘宝”，然后进入“信用管理”，再依次进入“评价管理”、“给他人的评价”，找到相应评价，点击“我要修改”按钮进行相应的修改或删除此评价。由于对评价的修改或删除只有一次机会，因此，评价双方都应当谨慎操作。评价完成修改后，被评价方所作的解释将会被清空。

4. 信用评价的计分规则

在交易中，卖家的信用度可以分为以下 20 个级别：

4 ~ 10 分	♠
11 ~ 40 分	♠♠
41 ~ 90 分	♠♠♠
91 ~ 150 分	♠♠♠♠
151 ~ 250 分	♠♠♠♠
251 ~ 500 分	♣
501 ~ 1 000 分	♣♣
1 001 ~ 2 000 分	♣♣♣
2 001 ~ 5 000 分	♣♣♣♣
5 001 ~ 10 000 分	♣♣♣♣♣
10 001 ~ 20 000 分	♥
20 001 ~ 50 000 分	♥♥
50 001 ~ 100 000 分	♥♥♥
100 001 ~ 200 000 分	♥♥♥♥
200 001 ~ 500 000 分	♥♥♥♥♥
500 001 ~ 1 000 000 分	♦
1 000 001 ~ 2 000 000 分	♦♦
2 000 001 ~ 5 000 000 分	♦♦♦
5 000 001 ~ 10 000 000 分	♦♦♦♦
10 000 001 分以上	♦♦♦♦♦

在交易中，买家的信用度可以分为以下 20 个级别：

4 ~ 10 分	♠
11 ~ 40 分	♠♠
41 ~ 90 分	♠♠♠
91 ~ 150 分	♠♠♠♠
151 ~ 250 分	♠♠♠♠
251 ~ 500 分	♣
501 ~ 1 000 分	♣♣
1 001 ~ 2 000 分	♣♣♣
2 001 ~ 5 000 分	♣♣♣♣
5 001 ~ 10 000 分	♣♣♣♣♣
10 001 ~ 20 000 分	♥
20 001 ~ 50 000 分	♥♥
50 001 ~ 100 000 分	♥♥♥
100 001 ~ 200 000 分	♥♥♥♥
200 001 ~ 500 000 分	♥♥♥♥♥
500 001 ~ 1 000 000 分	♦
1 000 001 ~ 2 000 000 分	♦♦
2 000 001 ~ 5 000 000 分	♦♦♦
5 000 001 ~ 10 000 000 分	♦♦♦♦
10 000 001 分以上	♦♦♦♦♦

二、店铺评分规则

1. 店铺评分的定义

所谓店铺评分，就是仅限买家在淘宝网交易成功之后对卖家作出的如下四项评分：宝贝与描述相符、卖家服务态度、卖家发货速度、物流公司服务。店铺评分只针对那些使用过支付宝付款并最终交易成功的买家而言。店铺评分的有效评分期为交易成功后的 15 天。

2. 店铺评分的流程

店铺评分流程与信用评分流程大体一致。

（1）当交易成功之后，买家可以针对本次交易情况对卖家进行如下四项评分：宝贝与描述相符、卖家服务态度、卖家发货速度、物流公司服务。如果在交易过程中发生部分商品退款的情况，且买家在评价过程中选择"未收到货"或"要退货"，那么，在退款完成之后，此商品将不再参与"宝贝与描述相符"这一项评分，不发生评分则无分值；有效评分期内买家每完成一种商品的"宝贝与描述相符"的评分，则系统自动会给买家默认一个好评，反之系统不给买家默认评价。虚拟物品及不需要使用物流的交易无物流公司服务评分项。

四项指标打分分值：

非常不满意——1 分；

不满意——2 分；

一般——3 分；

满意——4 分；

非常满意——5 分。

（2）店铺评分为匿名评分，将不会显示评分人的个人信息及单笔评分分数。

（3）店铺评分成功后将会立即生效，一旦生效即无法修改；若买家对卖家进行店铺评分时只对其中几项指标作出评分，然后就确认提交了，则视为完成店铺评分，无法再次修改和评分。店铺评分只展示近 6 个月的评分分数并且以滚动的方式展示。

3. 店铺评分的计分规则

（1）每个自然月中，相同买家和卖家之间如果产生多笔成功交易的订单且完成店铺评分，则卖家的店铺评分有效计分次数不得超过 3 次（以支付宝系统显示的交易创建时间为计算依据）。超出计分规则范围的评分将不累积计分。

（2）店铺评分生效后，物流公司服务评分将不计入卖家的店铺评分中，但会计入物流平台中。其他三项评价指标——宝贝与描述相符、卖家服务态度、卖家发货速度则将分别平均计入卖家的店铺评分中。

总之，交易结束并不意味着真的“结束”，评价管理通常要比交易过程更重要，也更受关注。所以，清楚地了解淘宝信誉评价规则，不论是对顾客还是对网店经营者而言都至关重要。

网店盈利箴言

网店经营者想让自己的店铺“好评如潮”，首先就得仔细了解淘宝信誉的评价规则。

赢得100%好评率

在网上开店，成功避开纠纷，赢得好评也是一门学问。通常情况下，引起纠纷的原因有很多，而作为网店经营者，如果控制得不得当，很容易就会出现疏忽。当出现中评和差评时，经营者首先要与顾客进行真诚的沟通，了解引起纠纷的原因。例如究竟是因为产品质量不过关还是因为物流公司的问题，再或者是因为顾客一时冲动买下产品，却在收到货之后发现与自己想象存在着差距，等等。

通常在这种情况下，网店经营者需要积极引导顾客修改评价，通过阿里旺旺、QQ或者电话与之进行沟通。当然，首先态度要诚恳，如果的确是自身问题，经营者一定要主动承担起责任，并给予顾客相应的赔偿，让其撤销中评或者差评。根据淘宝规则，在交易评价完成后30天内评价方可以自主修改评价。那么，如何才能赢得100%好评率呢？网店经营者应关注以下几点：

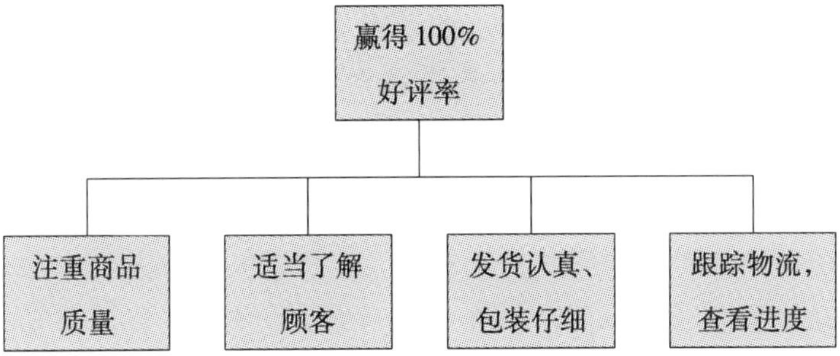

1. 注重商品质量

商品的质量保证是获得好评的核心。只有让顾客对商品的质量感到满意，他们才会愿意给出好评。

2. 适当了解顾客

沟通最重要。这一点大家都很清楚，所以在交易之前，网店经营者可以查看顾客的信用评价，并通过交流与沟通适度了解顾客的性格，并尽量满足不同顾客的不同要求。

3. 发货认真、包装仔细

在发货过程中，商品很有可能会遭到挤压，这就要求网店经营者一定要在包装上确保商品的安全。尤其是数码产品、音像制品等抗摔、抗压能力差的商品。

4. 跟踪物流，查看进度

长时间的等待会让顾客失去耐心。因此，网店经营者要想办法让顾客尽早收到商品。这就要求经营者要对商品物流进行跟踪，高度关注商品的送达进度。

以上四点有些网店经营者都能做到，但却依旧摆脱不了中评和差评。当卖出一件商品，大多数经营者都会像完成使命一般舒一口气。殊不知评价出来一看，竟是个中评甚至差评。自己好不容易积累了100%好评，却不料“被一颗老鼠屎”坏了一锅粥，面对这种情况，确实挺让人感到恼火和无奈。

对于网店经营者的信用而言，顾客的差评就像是无法擦去的斑点。中评和差评一旦出现，经营者就会像遭遇“当头一棒”，痛苦不堪，继而还需要奔跑于各大论坛，到处询问有经验的朋友如何才能取消这些不光彩的斑点。耗费大量的时间和精力，最终的结果却还不一定能够让彼此都满意，这样一来，不但影响了自己的心情，生意也倍受打击。

网上购物，诚信第一，信誉的积累，是花再多金钱都难以买到的“无价之宝”。下面就针对一些相对比较典型的顾客来进行分析，总结一下赢得100%好评的两大绝招。

一、了解准顾客，评估其风格

正所谓林子大了什么鸟都有，顾客的风格也是千变万化的，尤其是处在网络交易的初级阶段时，什么样的顾客都会出现。绝大多数的买卖双方都是诚信经营和公正评价的，这里就针对几种比较容易引起交易风波的顾客进行分析。

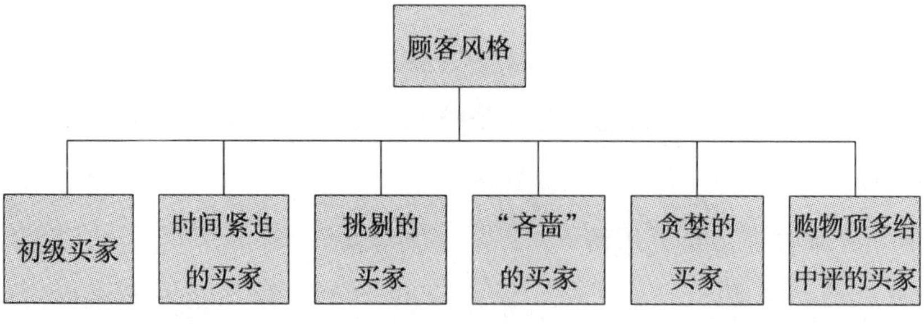

1. 初级买家

这类买家往往是朋友介绍或者是无意中进入网店购物的。他们对网络交易还比较陌生，也正是因为陌生，所以他们无法完全信任网店经营者，这时就需要网店经营者对他们进行引导。这种初级买家中有的会比较爽快，他们会完全信任网店经营者。但也存在不少因为不了解交易规则，发货后不及时确认货款，不给评价，或者随便给中、差评的买家，所以这一类买家通常会让网店经营者又爱又恨。

（1）如何评判：关注对方的注册时间、等级，通过聊天了解他们的性格。

（2）应对策略：事先要了解这类买家配合的环节，尽可能地达成共识，因为这一类的买家多半还是好买家。总之，网店经营者要多加引导，通过通讯工具与之沟通，从而建立信任。

2. 时间紧迫的买家

这类买家一般都会比较急躁，或者还会有一些特别要求，如果达不到要求，他们往往是不会愿意购买的。对于这类买家，网店经营者可以通过对物流公司、供货商供货速度的评估以及物流误时一两天的预估来判断是否可以达到买家在时间上的要求，如果可能性在80%左右，则选择交易；否则，宁愿不赚钱也不要接这单生意。

（1）如何评判：通过言语沟通就可以迅速确定了。

（2）应对策略：正确评估自己的到货时间能否达到买家的要求，达不到就不要成交。

3. 挑剔的买家

这类买家也可以称其为完美主义型的买家，他们最擅长的就是在鸡蛋里面挑骨头，十分重视商品的质量和服务。当然，也有些是经验丰富的买家，他们就是专门通过这些方式来和网店经营者杀价的。通常他们都会给中评，如果交易过程不愉快，差评也有可能。

（1）如何评判：这类买家总是会在购买前花大量的时间与网店经营者进行沟通，并且执意要求看商品的实物照片，反复询问商品方方面面的信息，要求非常多。

（2）应对策略：挑剔的买家不一定就不是好买家，这个建议大家要具体问题具体分析。其实只要自己的商品质量有保证，网店经营者大可不必惧怕这类买家。恰恰相反，他们一旦认可了一家店铺的商品，通常都会继续来光顾，甚至还会带来自己的亲朋好友。

4. “吝啬”的买家

这里的“吝啬”包含了三种类型：生性吝啬、近期经济窘迫和假装窘迫却是经验丰富的杀价买家。

（1）如何评判：

①生性“吝啬”的买家：喜欢一元拍低价产品、喜欢货比三家、喜欢平邮。

②近期经济窘迫买家：喜欢间隔一段时间来询问产品是否可以优惠。

③假装窘迫却是经验丰富的杀价买家：擅长说一堆好话取悦网店经营者，还喜欢拿别家商品进行对比以此进行杀价。

（2）应对策略：

①生性“吝啬”买家：面对这种买家的时候，网店经营者要尽可能地满足其合理要求，并向他推介店里价格相对较低的产品。如达成一致，可成交；沟通不愉快，宁可不成交。

②近期经济窘迫买家：同样，网店经营者要尽量满足他的合理要求，节省其购买成本，并推荐一些价格相对较低的产品。此外，最好给其赠送一些小礼品。买家收到商品的同时，必定感觉到惊喜，继而给出好评。

③假装窘迫却是经验丰富的杀价买家：在面对这样的买家时，网店经营者要格外小心，因为他们往往会将价格杀到最低，甚至还会继续挑毛病，所以如果网店经营者“道行”太浅，还是尽量不要跟这类买家做生意。

5. 贪婪的买家

这类买家生性贪婪，喜欢赠品，喜欢红包，追求其利益的最大化就是他们网上购物的终极目标。

（1）如何评判：一定要你给赠品才购买，红包要够大才有吸引力。

（2）应对策略：遇到这种买家，网店经营者需要结合自身因素以及对方的"胃口"，如果满足不了，就不要勉强交易，因为这样的买家有可能因为没有达到自己的目标，就以中评或差评作为报复手段。

6. 购物顶多给中评的买家

这样的买家或许不多，但是确实存在，可能在他们的理念中，中评就等于好评。所以，如果碰上这样的买家，网店经营者还是少交易为妙。

（1）如何评判：看其过往的交易记录和对其他网店经营者的评价。

（2）应对策略：如果你重视好评，以 100% 好评作为你经营中的伟大目标，还是不要与这种买家进行交易最为稳妥。

在每次交易之前，除了通过上面的步骤去了解准买家之外，第二步必然要做的就是去分析买家的信用以及之前交易的评价情况。

二、仔细查看准顾客的信用以及对其他经营者的评价

（1）看好评率：好评率是所有曾与其交易的卖家对买家的一个综合评价，具有非常重要的代表意义。

（2）看卖家的评价语言：看完好评率，就往上翻看一下每笔交易卖家们给的评价，通过卖家的评价可以了解准买家的性格、为人等各方面的信息，重要的还是要关注其信用问题。

（3）看是否有中评或差评：如果不是 100% 好评的，一定要看哪笔交易得了中评或差评，要看具体卖家对其的评价语言，看完卖家的评价，再看买家对卖家的评价，两方权衡后再进行综合判断，在这笔交易中，究竟是哪方做得不够好。这一步至关重要，通过对这些评价语言的分析，网店经营者就可以对自己的准买家有更深入的了解。

（4）看是否有过货到不付款的惩罚：有些买家买了东西总是喜欢迟迟不付款，拖累卖家的资金周转，警告仍无济于事的话，卖家就会投诉淘宝，投诉成立后买家信用里就会出现"货到不付款"的惩罚。如果遇到屡次被罚的买家，网店经营者则要小心为妙。

（5）看其对其他卖家的评价：从他们对别的卖家的评价可以多少了解一些准买家的情况，看他们通常都比较重视哪些环节，然后网店经营者则需要在他们比较敏感的环节多加留意。

（6）查看准买家过往曾买过的商品类别：通过查看准买家过往所购买过的商品类别，你可以大体了解到他的爱好、经济水平、消费习惯等信息，进而能让您对他作出更合理的判断。

以上是赢得100%好评时应当提前知晓的环节以及两大绝招，网店经营者可以根据以上绝招去对付那些“疑难杂症”型买家，一般情况下，可起到很好的作用。

网店盈利箴言

如果网店经营者能够做到“兵来将挡，水来土掩”，那么要长久保持居高的好评率也并非难事。

如何引导消费者写好评

作为网络销售的核心，信用评价体系在商业竞争越发激烈的当今时代所占据的地位越来越重要。对于网店经营者而言，“服务”已经成为一种脱颖而出的利器，而它最直接的反映就是消费者的好评。那么，如何才能正确地引导消费者对产品作出好评呢？一般情况下，顾客能够给出好评，是具备一定的条件的：

好评条件＝好的顾客体验＋人为推动顾客评价

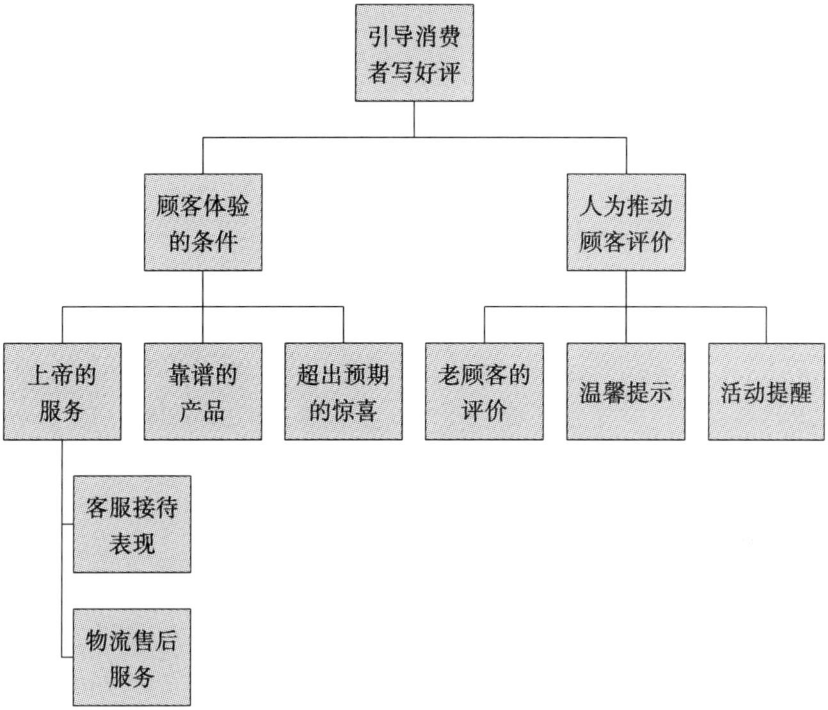

一、顾客体验的条件

1. 上帝的服务

所谓上帝的服务，主要是指客服的接待表现以及物流的售后服务，下面就针对这两方面的三个阶段进行对比分析：

（1）客服接待表现。

①态度恶劣，不熟悉产品，对顾客的异议无耐心，咨询较多时回复慢。

②相对比较灵活，回复时间一般不超过 1 分钟，基本熟悉产品。

③态度热情，耐心解答，回复时间不超过 30 秒，对产品和行业都很专业。

（2）物流售后服务。

①发货较慢，包装简单，推卸物流责任，售后服务态度差，处理不及时。

②发货一般，包装结识，帮助顾客处理物流和售后问题。

③发货较快，包装结识有档次，主动帮助买家处理物流和售后问题。

2. 靠谱的产品

产品的质量问题可谓是相当重要。当顾客打开包装，看到产品的那一刻，已经决定是否给差评。所以，保证产品质量以及是否与宝贝描述相符，这些都是顾客作出最后评价的关键所在。

3. 超出预期的惊喜

当人们所得到的比预期还要好，或者说有一些额外的惊喜时，他们才会作出好评。所以说，如果网店经营者希望获得更多的好评，那么无论是在服务上还是在产品上，都应力争做到超出顾客购买产品之前的预期。例如可以赠送一些小礼物或者是 VIP 福利等等。

二、人为推动顾客评价

仅仅具备以上条件是远远不够的，最终还是需要有人为的推动来促使顾客作出好评，以下是一些较为有效的方法：

1. 老顾客的评价

将老顾客的好评展示在产品描述页面等地方，这样不仅能够起到推动成交的作用，还能够在潜意识里激发顾客的从众心理，从而给予类似的好评。

2. 温馨提示

通常情况下，一条物流短信就可以让顾客感觉很温馨。所以，在买家等待收货期间，建议网店经营者可以以短信的形式告知其发货和物流信息，也可以在发货的时候在产品包装盒里放上一些小贺卡，这些举动通常都是可以打动客户的。在条件允许的情况下，网店经营者还可以以电话回访的形式给予对方问候和提示，巧妙暗示其收到产品后能够给予好评。

3. 活动提醒

网店经营者可以在店铺中推出“写好评，得大奖”之类的活动。活动内容和规则除了可以在相关页面中显示，还可以在客户付款之后，通过电话、短信、阿里旺旺、贺卡等形式给顾客提醒此活动。

总之，网店经营者要找到一些适合、巧妙的方法，一步一步引导顾客对产品作出好评。在这个过程中，产品质量占据相对比较重要的位置，所以在进行任何引导之前，网店经营者要先保证产品质量。

网店盈利箴言

在保证产品质量的大前提下，网店经营者只有掌握一定的技巧和方法，才能正确引导顾客对产品作出好评。

网店经营定当避开"雷区"

2012 年 5 月 11 日下午，一位来自武汉淘宝 VIP2 级的买家在淘宝论坛发出了一篇帖子，此帖一出，引数万网友争相关注，纷纷发表自己的观点。据发帖人称，有人在网上买了一套小孩寿衣给自己邮寄了过来，这对于当事人而言无疑是当头棒喝，旁人乍一听也会不寒而栗。而这个恶劣事件，却是由一个网店的差评引起的。

事件：女大学生发帖——包裹里面竟是一套寿衣

在帖子中，买家将事情的原委详细地陈述了一遍。她是一个十足的网购迷，是一名在校女大学生。2012 年 5 月 10 日下午，她收到了一个由北京海淀寄出、无具体地址的中通快递，打开一看，里面竟是一套寿衣！她收货后当即拍下了照片，迅速报警并且与包裹上的发件人取得了联系。但是，发件人李小姐的电话信号非常不好，只得知她在淘宝网上开的是卖佛教用品的店铺。后来，李小姐短信回复说这套寿衣是由一个叫××××的山东ID购买的。

得知这一点后，发帖人立刻上网“人肉搜索”该淘宝ID的相关资料。在浏览该ID的主页收藏记录中，发帖人无意中看见了一条十分眼熟的外贸裙子，经回忆，她想起自己曾经买过这样一条裙子，并且因为一些原因而给予了差评。在评论中，发帖人称“裙子收到后，发现跟描述的不一样，但客服态度很强硬，淘宝介入没有达成一致”。5月7日，发帖人给予了一个差评。根据快递信息显示，这套寿衣是5月8日寄出的，5月10日到货。尽管没有证据能够证明购买寿衣的ID和之前的裙子网店经营者有何关联，但是发帖人表示，这次寿衣事件可能就与之前的差评事件有关。

追踪：

通过对这位发帖人淘宝信用记录的搜索，记者发现她是一位黄钻买家，交易次数已接近400次。然而，从2011年10月到2012年5月期间，她在购物评价中给予网店经营者的中评和差评多达数十个，甚至连付邮试用6元、10元的商品都不能“幸免”。

例如，在购买10元试用的相宜本草小套装（包括1个金缕梅洗颜泥、1个沙宣、2个暖宝宝、3个足泡）中，发帖人认为“一点都看不出值10块钱，准备退货的，后来算了”，随后给予差评。

此外，对于6元试用，她作出了“不透气，客服小鱼态度极差，还说要投诉我，我反映的是真实情况，他还说自己是店长，不知道是否属实，我只想说有这样的店长真的很无语，希望你家能在这样的经营者的带领下生意越来越好吧，投诉消费者，你厉害！”的差评，店家在评价中解释：“亏你还是个大学生，6元钱试用，拍了人家的东西，还要人家还6元给他，真替你爸妈丢人。”后来据网友估计，这条差评是经双方协商之后才改成好评的。甚至还有网友质疑，这位发帖人是不是通过差评来要求商家退款补偿的“职业差评师”？

5月12号晚上，那家卖裙子的客服在记者的咨询下表示："事出必有因，我们不否认也不承认，只要相关机构拿出过硬的证据，我们就认栽，如果相关机构拿不出相应的证据就把我们店铺封了，我们会追究到底。"

想必很多喜欢网购的人在听闻寿衣事件后都会大惊失色。那么，何为职业差评师？网店经营如何才能避开这些"雷区"呢？

职业差评师，顾名思义就是靠给别人差评生活的人，是由淘宝网催生的新兴职业。淘宝上有很多恶意买家做起职业差评师，专门以给网店差评为手段索要网店钱财，甚至还出现多人合作的"团伙作案"，给淘宝网店经营者造成巨大伤害。

一、职业差评师在选择差评对象的时候也有自己的规律

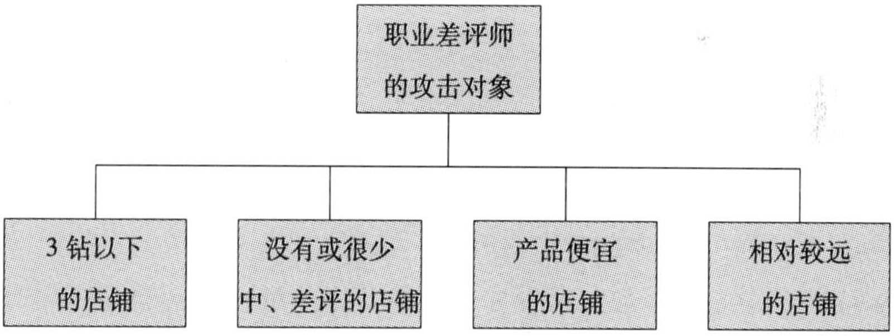

1. 选择3钻以下的店铺的原因

因为3钻以下的店铺通常可以算是网店销售大潮中的弱势群体。它们基本都处于起步阶段，所以会比较在意中、差评，因为任何一个差评都是致命的东西，足以让它们难以生存。信誉高的店铺根本就不会在乎这样的差评师。所以职业差评师是不会去选择那些信誉高的店铺的，因为攻击那

样的店铺只有损失。

2. 选择没有或者很少中、差评的网店的原因

因为这就影响到好评率和信誉度，如果网店有好多中、差评了，那就不会在乎再多一个了，所以职业差评师是不会选择攻击那些中、差评比较多的网店的。

3. 选择产品便宜的店铺的原因

由于职业差评师也并非每次都得手，所以他们必须全面考虑。也就是说，如果网店不屈服，那就意味着他们要"失手"了，如果产品很贵重，损失也就增大了，所以通常情况下，职业差评师都会选择那些比较便宜、易碎的东西，那些都是比较容易得手的。

4. 选择地域的原因

一般情况下，职业差评师都会选择地方相对较远的店铺进行交易，收到东西后，他们就会说：你的东西坏了，怎么办？要不我邮寄给你，你再给我邮寄一个新的？可是，地方太远，邮费比产品价格都贵，所以网店都会选择赔偿一些钱来了结此事，一旦赔钱，就意味着网店经营者上当了。

二、网店经营者如何应对职业差评师

（1）那些连产品质量、产品价格、是否有货都不过问就直接拍东西的顾客，经营者应注意。首先要看看这个顾客的地址，是否很远；其次就要看看他购买的产品属于何种性质，是否易碎等等。例如有人花一块钱去买一贴面膜，而邮费就10元，这样就特别值得怀疑。

遇到这种顾客的时候，你必须尽快联系他，阿里旺旺或者直接电话联系，如果你认为他十分可疑，那就直接告诉他这款没货了，然后退单。当然，在这个过程中，你要客客气气的，因为这些人是不好得罪的。

（2）问得特别详细，但是主要是问一些专业问题的顾客，网店经营者需要注意。他们很有可能是同行，而且手中还有同一款式的东西，不过是

坏的。

遇到这种情况，你也可以同上者一样，或者不予理睬，让他自讨没趣地离开你的店。

（3）还有一种情况就是，顾客要求必须发某某快递。假设他的地址很多快递都能到，但是他偏偏要求指定发某一个快递，否则就拒收，即使你告诉他，那个快递不仅贵，而且慢，但他还是执意要发那个快递，这时网店就更需要谨慎了。因为这样的顾客很有可能和他所指定的那个快递公司的某个快递员关系比较好，到时候东西邮寄过去是好是坏就是他们说了算。

遇到这种情况，万不可进入圈套，踏入"雷区"。你可以告诉顾客无法发他所指定的快递，如果他说退货，你就退给他，多一事不如少一事，宁可不赚钱，也不能给自己带来后患无穷的危险。

此外，如果你真的决定做某单生意，要将准备工作做足，小心 + 细心 = 安心。注意以下几点：

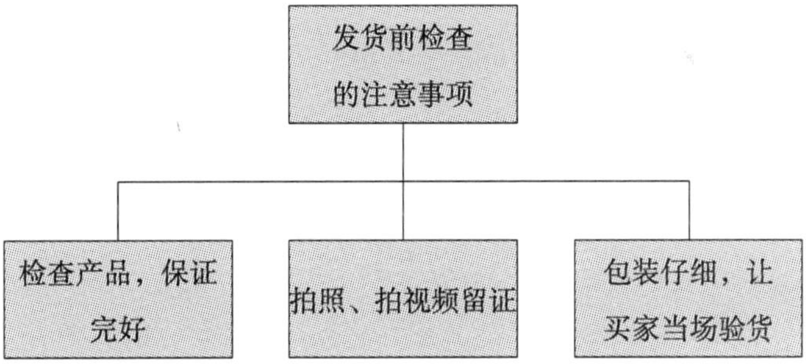

真诚地对待每一位顾客，警惕每一位"可疑人士"。其实绝大多数的顾客都是善意的，如果你对你的产品质量足够自信，完全没有必要去担心这些所谓的"雷区"，尽可能地避开也是十分有必要的。

网店盈利箴言

遭遇差评并不可怕，可怕的是对待差评那种不理不睬甚至以恶报恶的态度。很多顾客都是通情达理的，他们给出差评是因为自己的利益受到了损害，只要网店经营者能够真诚地去对待顾客，并且保证质量问题，店铺一定会远离恐怖的差评。

盈利关键 13

品牌建设：

好商品不如好品牌，学会让你的店铺深入人心

品牌的定位

所谓品牌定位，就是指自己企业的产品和品牌在顾客心中的位置。对于网店经营者而言，针对目标市场，确定并建立一个独有的形象，以此来对品牌的整体形象进行设计和传播，从而在目标顾客心中占据一个独特、有价值的地位，这样的一个过程就是品牌定位。其实店铺本身就是一种品牌意识。网店经营者可以同时经营多种品牌，但是顾客对于店铺整体品牌的信任才是重中之重。只要顾客能够肯定、信赖该店铺的产品，那么经营者无论销售何种产品都是非常轻松的事情。

一般情况下，网店的销售品牌定位不是针对具体的商品本身，而是要求网店经营者挖掘店铺自身的个性并且树立一种良好的形象，从而凝固在消费者心中，占据一个相对有价值的位置。换句话说就是使这个销售品牌得到广泛的认同和接受，从而获得更大的销售量。这往往需要取决于网店经营者开店的目的以及店铺所面向的消费群体。

不同的店铺有不同的市场定位，而其核心就是打造品牌的价值。其途径是对品牌整体形象的设计；其着眼点是目标顾客的心理感受；其实质是依据目标顾客群的特征来设计产品属性并传播品牌形象，让该品牌形象在目标顾客心目留下根深蒂固的印象。

品牌定位肩负着多重任务或使命，例如得到市场的认可、提升销量、扩大知名度、实现形象提升，等等。如果品牌定位不准，就会影响之后的产品推广，使之具有局限性，这样不仅浪费推广资源，有时甚至还会起到反作用。所以，品牌定位一定要精准。

一、品牌定位内容

1. 品牌名称

打造一个网店的品牌，首先要着眼于品牌名称。要对行业的现状进行调研和分析，找出同类商品的定位差异，使其在之后的宣传推广中具有可操作性。准确地定位了品牌名称，就意味着给之后的工作找准了一个大的方向，网店经营者在品牌推广的时候才能做到有的放矢。

品牌的名称是反映定位的最好方法。一般情况下，品牌的名称关系到品牌在推广和宣传时的效果和速度。所以，在决定开始进行品牌经营的时候，网店经营者一定要先为自己的品牌取一个好记、贴切、便于推广的好名称。

此外，品牌的名称要能够涵盖同类商品中的不同点以及顾客需求中的共同点。这里的不同点和共同点可以体现在商品特点上，也可以体现在心理满足上，还可以体现在服务特色上。

2. 品牌意识

随着网店经营的不断完善，消费者购物时的品牌意识越来越明显。这就要求网店经营者要抓住消费者的心理，建立自己的店铺品牌，然后使自己的品牌产品深入人心，以此来获得更为广阔的消费市场。

二、品牌定位的传播

品牌定位可以针对不同的目标客户，通过商品传播、服务传播、品牌传播这三种层次进行传播活动，将品牌定位植入目标客户群的脑海中。

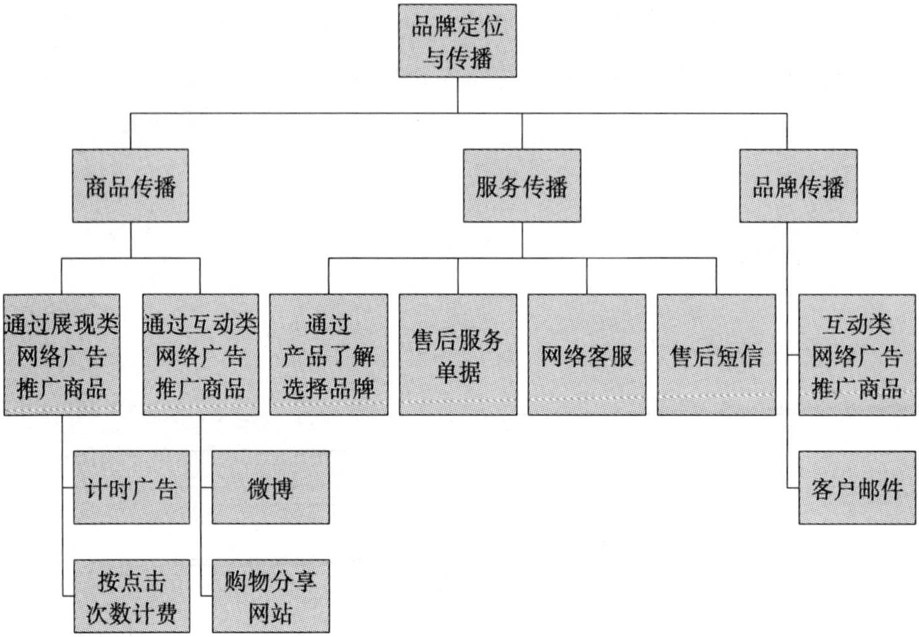

1. 商品传播

（1）通过展现类网络广告推广商品。

①通过计时广告进行品牌定位传播。

②通过按点击次数计费的方式进行品牌定位传播。

（2）通过互动类网络广告推广商品。

①通过微博平台进行品牌定位传播。

②通过分享购物网站进行品牌定位传播。

2. 服务传播

（1）一般情况下，顾客可以通过产品了解自己所选择的品牌，并加深品牌定位的印象。对于网店品牌而言，能对客户施加影响的手段较少。所以通过服务中的细节加深顾客对于品牌的认知就显得尤为重要了。通过周全到位的服务，可以强化消费者对于产品本身特性的认知。

（2）通过售后服务单据可以使顾客感受到产品的质量保证及档次，从而对品牌定位有所认知。

（3）网络客服通常可以起到很大的宣传作用，与顾客之间的交流与沟通处处都可以涉及到品牌定位的推广与传播。

（4）售后短信往往可以给顾客一种被重视的感觉，也可以加深其对品牌产品的印象，促进品牌定位的传播。

3. 品牌传播

对于网络品牌而言，网店经营者可以利用各种网络工具来让顾客加深对品牌的理解，增加对品牌的认同。品牌运营要做的就是让顾客对品牌热衷乃至依赖。关于网络工具，网店经营者可以通过博客以及邮件向顾客进行品牌定位的传播。

总之，网店经营者想要进行品牌定位，就一定要先理解品牌定位的含义，然后找到相应的传播方式，使自己的店铺品牌深入人心。

网店盈利箴言

随着越来越多的顾客开始萌生品牌意识，做好精准的品牌定位就成了网店经营者的首要任务。

如何打造自己的网店品牌

面对偌大的网络虚拟世界，在进行网上交易的时候，很多人都清楚其最大的弊端，那就是买卖双方无法进行面对面的交谈。这就会导致很多消费者对商品产生质疑，同时也暗示出品牌网店的重要性。

在网上开店的人越来越多，有的店铺生意十分火爆，而有的店铺却是门可罗雀，有的人坚持，有的人最终选择了放弃。这也印证了狂人马云说过的那句话：“今天很残酷，明天更残酷，后天很美好，但是绝大多数人死在明天晚上，看不到后天的太阳。”有些人坚持到最后生意还算稳定，然后再慢慢做到皇冠级别，确实一路艰辛，实属不易。

此时有些网店经营者就会比较关注一个问题，那就是如何使自己的网店迅速打入市场，深入人心。打造属于自己的品牌，这是最快捷也是最有效的方法。那些从未想过创建自己的品牌，一直代售他人品牌的网店经营者或许不能称之为成功的经营者。因为只有拥有了自己的品牌，打造出属于自己的一片天地，才能获得更多的人气，积攒更多的利润，好商品往往不如好品牌。那么，如何打造自己的网店品牌呢？以下是网店经营者应当注意的几个方面：

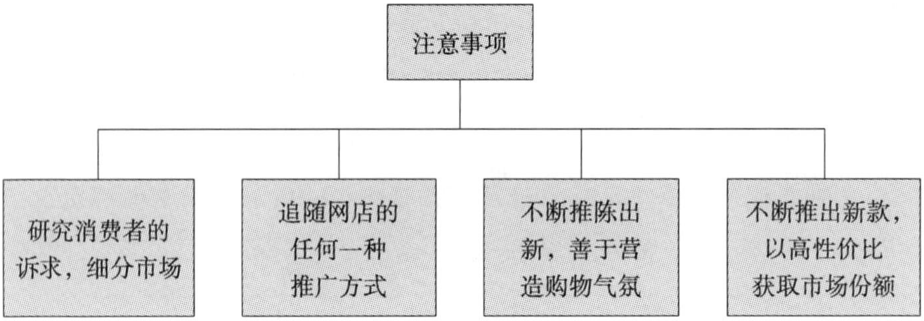

一、研究消费者的诉求，细分市场

网店经营者能够在看似饱和的市场中寻找突破点，这才是能够脱颖而出的秘诀。在充满变数的市场中，想要取得成功，不能依靠压价销售，要学会发现机会。先发制人往往可以抢占先机，也才能有机会创立属于自己的品牌，并打开市场。

二、追随网店的任何一种推广方式

很多网店经营者在品牌推广的过程中都会有不同的方法，但是都务必秉承一个宗旨，那就是创立顾客信赖的品牌网店。经营者可以追随任何一种推广方式，使店铺的品牌深入人心。不要总是幻想有某一个契机出现，网店就可以一夜火爆。成功不是靠幻想得来的，而是通过一点一滴的摸索，最终才能找到适合自己的经营模式。

三、不断推陈出新，善于营造购物气氛

创新是每一家网店在创立品牌的道路上必须要重视的一个环节。精确的定位只是第一步，接下来网店经营者还要时刻注重保持“新”优势。这里所谓的“新”就不再只是指创新了，而是指新产品、新活动等。

四、不断推出新款，以高性价比获取市场份额

“激情、努力、疯狂、自信、坚持”，保持这样的态度，就不惧怕竞争。找准属于自己的位置，坚持自己的品牌，坚持独特，不断地向市场推出新款，以高性价比获取市场份额。

总之，打造网店品牌主要是针对网络虚拟市场实施营销策略的结果，它包括一个完整的以网络为平台进行品牌塑造、品牌推广以及品牌维护的过程。同时，它也意味着会有更多的顾客愿意花更多的钱去购买品牌产品或服务，这也是顾客信任品牌的一种表现。

网店盈利箴言

品牌通常可以让消费者产生一种信赖感，而正是基于这种信赖感，品牌效应才有可能不断地深入人心，为店铺积攒更多人气，创造更多效益。

小网店也要大品牌

在经营网店的过程中，每一位经营者都应该以创建属于自己的品牌为目标，不断地提升工作效率，追求更多的收益，小网店也可以有大品牌。以下是一些创新方法，经营者可以参考这些方法，不断完善网店运作，创立网店品牌。

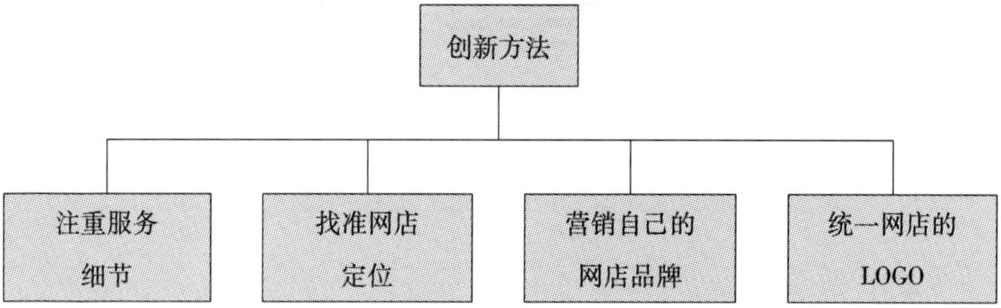

一、注重服务细节，当网店运营扩大时应及时招聘专业客服

不少网店中都只有店长一个人在打理，负责进货、上架、发货，还要与那些潜在客户进行沟通，等等。其实经营网店也就等于运营一家公司。正所谓麻雀虽小，五脏俱全，小网店也需要完备的团队。一个人再全才，也很难长期坚持。什么事情都自己干，显然是不现实的，特别是当网店生意逐渐好起来、网店商品种类增加以及更新换代速度提升时，自然就需要专职人员来做营销、客服等等。

所以，在网店开始运营阶段，由于处于起步期，生意不会一夜之间很火爆，所以经营者应该集中精力去做营销，然后再做好客服。当自己觉得网店生意有了起色之后，网店经营者可以请一些专职和兼职人员一同打理网店，虽然最终所得的利润会少一些，但是能够为将来的品牌网店打下基础。

而经营者要做的就是把自己一部分精力放在对客服人员和营销人员的培训上，通过对这些兼职或者专职人员的相关岗位的培训，让他们掌握自己岗位必须要了解的细节。这样才能够进一步提升网店利润的空间。网店经营者可以采取培训结合激励的政策，使自己和专职或兼职人员实现利润共享。

二、找准网店定位，挖掘自身优势

网店定位很重要，它往往会决定网店经营者工作的繁忙程度，甚至会决定网店的最终命运。很多网店经营者在运营网店之前，都没有做详细的市场调研，也没有对自己的优势进行充分的挖掘，这就很容易导致其陷入两大误区：什么产品赚钱就卖什么产品，什么商品都卖，把小网店变成“大商城”。这两种经营方式无疑是经营网店的两个极端。

为了避免陷入以上两种误区，网店经营者应当不断地挖掘自身优势，找准行业细分的产品进行销售，从而寻求突破，万不可盲从。不能看什么产品好卖就卖什么，现在很多好卖的产品都是有很强的竞争力。

三、营销自己的网店品牌

小网店虽然不能做成“大商城”，但是却可以做成大品牌。皇冠店、五星级皇冠就是大品牌的特质。但是，如何做到这一点呢?

这就要求网店经营者在运营网店的时候，用心地去关注细节。例如网店本身的设计。不少网店经营者为了节省开支，就自己随便设计，这种思想和做法其实存在着一定的纰漏，也是相当不正确的。应该选择专业的设计人员来装修自己的网店，纵使费用相对而言会高一些，但是却能够给网店经营者节省大量的时间。正所谓“做你擅长的事情，将不擅长的事情外包给擅长的人来做”，只有这样才能够集中优势，发挥特长。

四、统一网店的LOGO

网店LOGO以及标准广告词汇的统一通常会给人一种很正式的感觉。就像李宁运动品牌的广告语“一切皆有可能”已经深入人心。一提及此广告语，消费者就会联想到李宁品牌，这就是很好的典范。再例如特步运动品牌“非一般的感觉”、361°运动品牌的“多一度热爱”……一个让人眼前一亮的广告语通常会让经营者的网店品牌度大增。

此外，在发货的时候，网店经营者还可以随货物赠送一份精美的宣传册来展现自己的网店形象。通常情况下，这一举动可以有效地提升店铺的档次，也可以为店铺带来很多回头客。而回头客多了，网店的级别自然就会上升得很快。

网店盈利箴言

任何一家网店都得由小做起，网店经营者在开始经营的时候就应该有做大品牌的雄心。当然，也要结合实际以及店铺情况进行相应的创新和调整。脚踏实地、持之以恒永远是成功的不二法门。

品牌建设抢占先机

品牌，它会带给消费者一种店铺很专业、且有持续发展可能的印象。一家网店有了自己的品牌之后，推广的范围就不再局限于个人或产品，还有品牌的推广，这也是网店经营者不断壮大自己店铺的必经之路。

随着顾客群体和业务量的迅速增长，店铺的知名度也在逐渐扩大，这些都促使不少网店经营者下决心创立属于自己的销售品牌。

品牌是一种无形资产，当网店经营者拥有了自己的品牌，就可以对销售的商品进行统一的包装，给顾客一种统一、规范的感觉。其次还能对品牌推广起到一定的促进作用。在定制包装方面，普通商品包装和品牌包装同样需要成本，但如果是网店经营者为自己的品牌进行宣传的话，那么这种包装成本就是一种能够回收的成本，可以称之为资本投入。

每一种品牌都有自己的市场定位，如果网店经营者懂得在品牌定位的环节就抢占先机，那么就可以先人一步地打开市场，获取消费人群的认可。例如国美电器，它们的品牌定位在低价，就必定有低成本的运营来做保障；海尔电器，它们的品牌定位在服务，就一定是把服务落实到每一个细节。顾客会通过品牌定位对网店经营者的店铺进行解读，所以说品牌定位是品牌建设的指导思想，只有准确地定位，才能有抢占先机为品牌做宣传的机会。

当网店经营者开始具备自己的销售品牌，并且开始大力推广时，经营者其实就已经开始具备“正规军”的雏形。如果网店经营者能将这些品牌建设工作做在别人前面，那就能够先人一步为自己创造一种无形资产。那么，何时进行品牌建设才算是抢占先机呢？

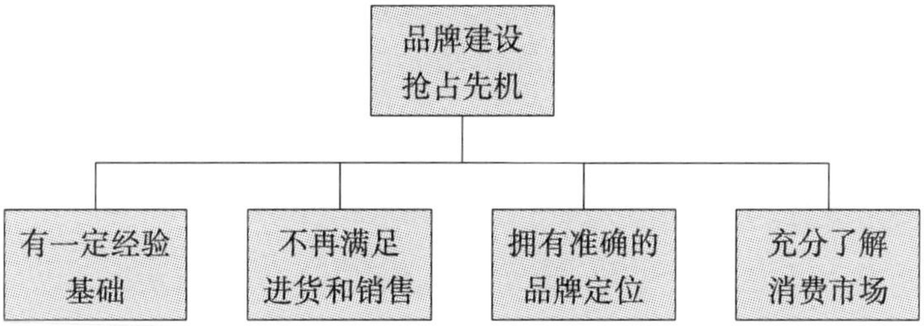

一、有一定经验基础

在建设品牌之前，网店经营者一定要具备相应的经验。因为缺乏一定的经验往往会导致网店经营者陷入一些误区，那样就会事倍功半，甚至还会得不偿失。

二、不再满足进货和销售

当网店经营者不再满足于进货和销售的时候，其实就到了创建自己销售品牌的时候。那些普通网店经营者一直在厂家、批发市场和顾客之间忙碌，没有确切的目标，没有清晰的方向。而一旦建设了属于自己的品牌，网店经营者就会有一个专属于自己的销售形象和一个全新的推广对象。

三、拥有准确的品牌定位

在做品牌定位之前，网店经营者应该思考自己的产品要面向哪些群体，这一点至关重要，它往往关系到品牌的成败。它就像是一个好的开始，只有开始的方向找准了，接下来的品牌推广就会顺利得多。

四、充分了解消费市场

在做品牌定位之前，其实就需要充分了解消费市场。有了准确的品牌定位后，也不能对消费市场松懈，因为这关系到后面的品牌推广，而无论是在哪个环节，网店经营者都不要忽视对消费市场的关注，这也是品牌建设抢占先机的必要条件。

总之，在进行品牌建设的时候，网店经营者一定要注重大前提、大环境。虽然先发制人通常会有更大的成功几率，但是网店经营者切勿急功近利，因为那样往往会使自己陷入一种进退两难的困境中。

网店盈利箴言

早起的鸟儿有虫吃，这句话用在网店品牌建设上也十分适用。品牌建设需要抢占先机，在这个竞争越来越激烈的网络大潮中，只有“先下手”才能找到适合自己的品牌。

案例一：御泥坊品牌

2007年，一位大学生毕业回到湖南湘西边陲小镇，用家乡特有的滩头御泥研发了一种矿物泥浆面膜。然后借助淘宝电子商务平台，从零做起，从无到有，打造了一个新兴的互联网品牌——御泥坊。目前，该品牌产品已经形成天然矿物护肤品系列，依靠网络口碑相传，受到大量时尚知性女性的追捧，名列2007年度淘宝网化妆品终评榜最佳面膜，发展至今销量也都一直很稳定，可见该品牌建设之成功。下面我们就来对御泥坊品牌进行简单分析：

一、御泥坊品牌故事

1. 祭泥仪式

相传在滩头，这个有着1 500年历史的湘西边陲小镇上，在一百多年前，居民们一直保留着一种奇特的仪式：每当开春时节，他们都要光着膀子，围着一堆篝火载歌载舞，并且朝自己的脸上、手上、胳膊上涂抹一种神秘的泥块，据说这样可以避邪驱病。

2. 白蛇传说

很久以前，村里有一个生了怪病的老人。他浑身奇痒无比，久治无效。由于害怕传染给自己的家人，这个老人就只好隐居起来，住在滩头大山的竹林里。一次，他坐在林中休息，突然发现有条受伤的白蛇躲在一处碎石中。过了一段时间之后，白蛇迅速地钻进了草丛当中。几天后，在同一个地方，老人再次遇到了那条白蛇，但是，令他吃惊的是，白蛇身上的伤口竟然已经完全愈合了。受到白蛇启发后，老人将石块捣碎后用水和着涂到自己身上发痒的地方，连续几次之后，奇迹出现了，原本久治无效的皮肤病竟然神奇地痊愈了……

3. 神秘御泥

传说民间流传的神秘泥块，因其功效神秘独有，被地方官员逐级进送，最后进贡到了朝廷，并且受到了皇族的青睐，被慈禧太后封为“御”泥！因此，人们从此便都把山上这种神奇的泥块称为“滩头御泥”。

二、御泥坊品牌的由来

作为世界独有的不可再生资源，“御泥”的开采难度可谓是相当大，加工提取工艺也十分复杂。千百年来，除了尊贵皇族和当地居民，能够体验到其独特功效的人屈指可数。如今，被历史遗忘的民族精粹通过互联网口碑相传，成为网络标杆性口碑品牌，这就是“御泥坊”。“御泥”取意为以前“皇家专享美容泥浆”，“坊”字含意“纯正物理手工提取，含有独特秘传的加工工艺”，这一名称正是御泥坊产品神奇的护肤功效、丰富的历史内涵、独特的加工工艺的直接写照。

三、品牌历史塑造及作用

1. 百年历史文化

御泥坊产品已经通过了 SGS（目前世界上最大、资格最老的民间第三方从事产品质量控制和技术鉴定的跨国公司）等多家权威机构检测，质量符合国际通用标准。

御泥坊矿物泥浆与矿物质水的开采加工提取过程，未添加任何防腐剂、香料、色素等化学成分，而是由纯物理方法完成。泥浆中富含多种矿物微量元素，能增强皮肤弹性和抗氧化能力，强化皮肤的天然防御能力，延缓皮肤衰老。其吸附污垢、收缩毛孔、美白嫩肤的效果比较显著。

2. 矿物护肤的原理

矿物质以它独特的属性在清洁、抗敏感和抗衰老等方面有着特殊的效果，而矿物护肤也正逐渐发展成为一种潮流，它已在不知不觉中渗透到人们每一道护肤程序中。

随着人们对矿物泥关注度的增加，已经有不少品牌将“矿物护肤”的理念引入护肤品中。人们只要稍微留意一下身边的护肤品的说明书，就不难发现“矿物”这个字眼已经无处不在了，许多高级保养品中含有至少一种或者多种的矿物添加成分。

那么，矿物质美容究竟有什么作用，它对人们的肌肤又都有哪些好处呢？

矿物质又叫无机盐或微量元素，目前已经发现人体中有 60 余种矿物元素，除碳、氢、氧外，其余的元素都属于矿物质。很多人都会以为这个“微”字，就是“微不足道”的意思。这种观点是相当错误的，其实微量元素是人体不可缺少的营养之一，也是美丽和健康不可缺少的物质。这些无机盐和微量元素在美容护肤方面可谓是扮演着相当重要的角色。当人体内缺乏钙、铜、锌、硒等元素时，人的皮肤就会变得粗糙、干裂或变薄、失泽，造成皮肤功能障碍，会对身体健康造成一定的影响。目前应用于护肤领域的矿物质及微量元素，主要起着防晒镇静、清洁控油、补水保湿、抗氧化等作用。

3. 不可复制性

这里所说的不可复制性主要包括两个方面：一是采用纯手工物理方法并历时 6 个月沉淀后提炼出的矿物泥浆（其他品牌用的是各类泥，不是泥浆）与矿物水，养肤效果具有不可复制性；二是滩头矿物泥浆富含多种人体所需矿物微量元素，是世界独有的矿体，是目前唯一合法开采的企业。这两点所体现出的现代化学技术是无法仿制的。

了解了御泥坊的品牌故事和品牌由来，我们可以再来分析一下该品牌深入人心的一些外在条件。从2006年至今，御泥坊在淘宝上的年销售额从半年不到1 000元飙升至一年近2亿。从这个品牌在此期间的几个重要时间点来看，御泥坊证明了营销手段、产品管理和大环境这三个要素在淘宝品牌成长过程中的重要作用。

（1）“好时机”的营销手段。

（2）网购大环境的“顺风车”。

（3）淘宝品牌的产品研发和管理。

几乎所有的淘宝品牌都保持着较快的新品更新速度。“物竞天择，适者生存。”但是与服装类品牌相比，美妆类品牌的新品更迭由于品类特性、研发周期和原材料等各种因素而存在一些局限性，这些也是美妆类品牌需要突破的关键。

网店盈利箴言

御泥坊品牌的成功也告诉人们，好的商品要让更多的人知道、认可、接受、喜爱，才能真正实现其自身价值。

案例二：茵曼品牌

2008年4月，广州市汇美有限公司推出了棉麻生活品牌——茵曼（INMAN）。它以自然色调搭配原创设计，主打原生态下的绿色主题，主要想表达一种返璞归真、回归自然的随性美，打造独树一帜、悠然随性、逸然随型的衣着风格，适合25～35岁的都市女性。

茵曼开创了一种“原生态、健康”的生活方式，打造山水自然间的城市小镇风尚，只为追求一种自由自在、无拘无束的现代时尚生活态度。历经4年多的累积，茵曼逐渐成就了其独有的品牌实力和品牌价值，成为中国互联网成长最快、最具代表性的服饰品牌。下面就对该品牌进行简单的分析。

一、品牌故事

在长满青茵草的运动场上，
曾经的毛头小子和黄毛丫头初遇。
他们来自江南的不同角落，
却有着热爱服装的共同梦想，
和那最淳朴、最热情的青春。
他赢了万米长跑冠军，
她为他加油喝彩……
纺车前的那对恋人，
裁剪着一块块棉麻布料，
混着老纺车吱呀的织布声，
谱出曼陀铃的旋律，
古典而空灵。
茵，是青茵草，
是那片念念不忘的绿草如茵；
曼，是曼陀铃，
婉转着江南水乡的曼妙身影；
一切都是那么舒适自然。
是来自原生态的美，
牵引着身与心的时尚节奏，
素雅而简洁，个性而不张扬，
修炼成棉麻艺术家——茵曼！

二、品牌理念

茵曼品牌始终坚持着诚信、以人为本、和谐共荣、互惠互利的经营理念以及公私分明、态度端正、勤奋进取、通力合作的行业准则。

三、品牌使命

茵曼原创都市自然风，天人合一。打造原生态下的绿色主题，使都市中的女人更能亲近自然、回归自然。

四、品牌主张

素雅而简洁，个性而不张扬。

五、品牌特点

茵曼十分擅长使用真丝、全棉等天然面料，也特别注重应用如富强纤维、氨纶、莱卡等最新的高科技面料，使衣物既有天然面料的舒适性，又容易清洗，保持良好的形态。它较多使用来自欧洲和日本的面料，服饰比较适合约会、休闲、工作，令都市中的女性能够轻松地应对多种场合。

六、品牌表现

江南水乡小镇文化与西南民族风的田园山水文化的交互融合。

七、品牌释义

女人如水，
静美其姝，
衣服就是语言，
可远闻，灵动清新，

接近了，灵动舒适，

是对自然的回归，

对生活的回味，

随身、随行……

茵曼，这个原创女装品牌，用不到两年的时间鲤鱼跳龙门，成就销售神话。2012 年 7 月，茵曼线上品牌忠实顾客群突破 80 万，活跃顾客贡献值占 29%，其品牌价值和影响力得到了更进一步的提升。

众所周知，女装是网店热销商品之一。女人对服饰的热情成就了不少服装大卖家。同样，这类网店的竞争也相对比较激烈，这也就意味着想要在众多网销女装中脱颖而出，就必须付出比别人更多的努力，尽可能地展现自己的品牌特色。

茵曼的创始人方建华本身是服装设计专业毕业，之前开办过服装厂，积累了丰富的服装外贸加工贸易经验。2008 年，他将目光投向了网购领域，创建了茵曼女装品牌，全面进军电子商务市场。其服装风格是将威尼斯与江南水乡的神韵融为一体，以棉麻面料为主，致力于打造一种清新脱俗的氛围。

凭着优良的质量、特有的服饰风格以及完善的配套服务，茵曼在网络这个传播途径广、传播速度便捷的空间里迅速找到了自己的市场定位，引领时尚。

进入茵曼的独立网上商城，人们可以看到一排“奖牌”陈列其中。其中有“2009 年中国网上零售品牌 50 强”、“淘宝商城精选原创品牌”，更有“南方新丝路模特大赛合作品牌”。这些都宣示着茵曼通过网络销售取得的辉煌与成功，也成为“电子商务成就新商业模式”的又一力证——一个成立不到两年的服装品牌，已然通过网络生根发芽，且活得枝繁叶茂。

在竞争格外激烈的行业领域内，茵曼女装何以取得这样的成就？进行深入剖析后可以看出，坚持网络零售，平台网店、独立网店两手抓，就是茵曼成功的最大秘诀。

在网店运营方面，成功秘诀可归纳为两点：

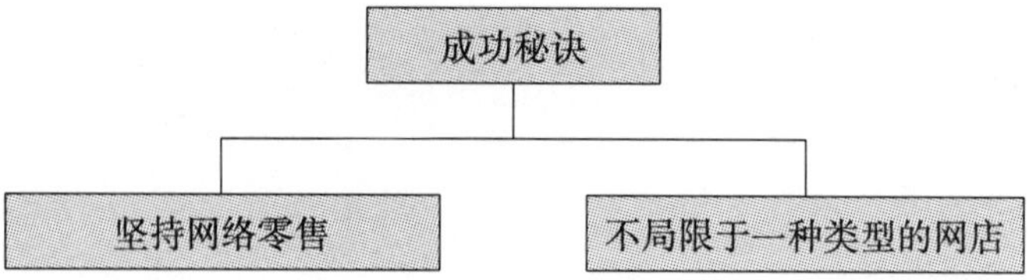

在茵曼的独立网上商城中有这样的公告：本商城不支持批发加盟，只做网店代理、网上零售。有许多货源厂商，线上与线下并举，这样容易导致价格体系陷入一种混乱状态。往往网上销售的价格太低，会使线下批发商产生抱怨。而只采用网络零售的方式来销售产品，建立统一的价格体系，就会既容易管理，又有利于品牌形象的树立，也更有利于品牌健康、长远地发展。

在淘宝商城开设网店的大获成功，让茵曼女装在短时间内聚集了一定的名气。再加上“双十一节”的促销活动，再次使茵曼引领时尚潮流的“魔法”深入人心。

然而，茵曼品牌也不局限于在淘宝开店，毕竟该平台虽然人气十足，始终还是“租个门面来开店”。要真正实现客源独享，渠道自有，还是得搭建自己的独立网上商城。这样，一边通过淘宝商城积攒人气，提升促销量，另一边通过独立商城来打造品牌的网络销售帝国，由此可见茵曼女装发展势头无可限量。

茵曼通过网络渠道，快速进行品牌建设与推广，最终实现盈利。它的成功，也向人们展示了互联网大环境的日趋成熟。随着电子商务在国内发展逐渐成熟，这样的例子也会越来越多，人们将会看到越来越多的成功品牌案例，网购市场多元化也会更加精彩地展现在消费者的眼前。

网店盈利箴言

茵曼的成功掀起了一阵品牌旋风，它能够给其他网店经营者一些启发，使他们能够感受到品牌建设的重要性，好的商品虽然能打动人心，但只有好的品牌才能深入人心。

附　录

《淘宝规则》

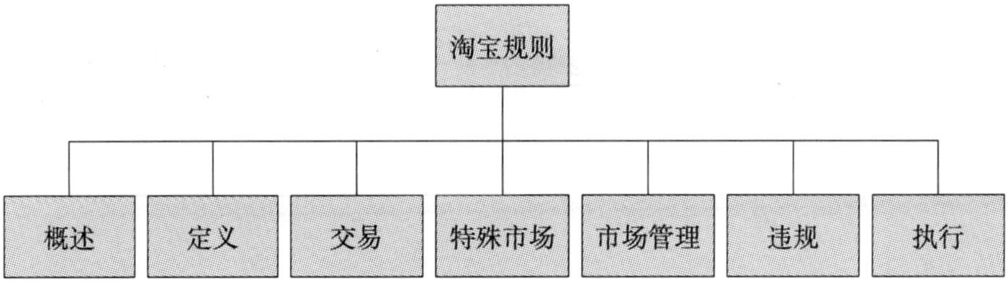

第一章　概述

第一条　为促进开放、透明、分享、责任的新商业文明，保障淘宝用户合法权益，维护淘宝正常经营秩序，根据《大淘宝宣言》及《淘宝服务协议》，制定本规则。

第二条　淘宝规则，是对淘宝用户增加基本义务或限制基本权利的条款。

第三条　违规行为的认定与处理，应基于淘宝认定的事实并严格依规执行。淘宝用户在适用规则上一律平等。

第四条　用户应遵守国家法律、行政法规、部门规章等规范性文件。对任何涉嫌违反国家法律、行政法规、部门规章的行为，本规则已有规定的，适用本规则；本规则尚无规定的，淘宝有权酌情处理。但淘宝对用户的处理不免除其应尽的法律责任。用户在淘宝上的任何行为，应同时遵守与淘宝及其关联公司所签订的各项协议。淘宝有权随时变更本规则并在网站上予以公告。若用户不同意相关变更，应立即停止使用淘宝的相关服务或产品。淘宝有权对用户行为及应适用的规则进行单方认定，并据此处理。

第二章　定义

第五条　淘宝，指由浙江淘宝网络有限公司运营的网络交易平台。包括淘宝网、淘宝商城、一淘网。

第六条　用户，指具有完全民事行为能力的淘宝各项服务的使用者。

第七条　会员，指与淘宝签订《淘宝服务协议》并完成注册流程的用户。一个会员可以拥有多个账户，每个账户对应唯一的会员名。

第八条　买家，指在淘宝上浏览或购买商品的用户。

第九条　卖家，指在淘宝上发布商品的会员。

第十条　拍下，指买家在淘宝上点击并确认购买的行为。

第十一条　交易，指淘宝上单次拍下同一商品。

第十二条　绑定，指淘宝账户与支付宝账户一一对应。

第十三条　商品发布数量，指卖家在淘宝上出售中及在线上仓库中商品数量的总和。

第十四条　退货运费险，指保险公司为投保该险种的淘宝会员支付单次退货运费。

第十五条　分销商品，淘宝分销平台分销商从其供应商获取并出售的商品。

第十六条　店铺屏蔽，指在搜索、导航、营销等各项服务中对会员店铺及商品等信息进行屏蔽的处罚措施。

第十七条　限制发布商品，指禁止淘宝会员发布新商品的处罚措施。

第十八条　限制发送站内信，指禁止淘宝会员发送站内信的处罚措施。

第十九条　限制社区功能，指禁止淘宝会员使用淘江湖、论坛、帮派、打听等社区类服务的处罚措施。

第二十条　限制买家行为，指禁止淘宝会员购买商品的处罚措施。

第二十一条　限制使用阿里旺旺，指禁止淘宝会员使用阿里旺旺的处罚措施。

第二十二条　关闭店铺，指删除淘宝会员的店铺，下架店铺内所有出售中的商品，禁止发布商品，并禁止创建店铺的处罚措施。

第二十三条　公示警告，指在淘宝会员的店铺页面、商品页面、阿里旺旺界面，对其正在被执行的处罚进行公示的处罚措施。

第二十四条　查封账户，指永久禁止会员使用违规账户登录淘宝、使用阿里旺旺等工具的处罚措施。

第二十五条　节点处罚，指当会员违规扣分累计达到一定分值时而被执行处罚的过程。

第二十六条　店铺装修区，指店铺招牌、宝贝分类、公告栏、促销区、广告牌等店铺相关模块。

第二十七条　成交，指买家在淘宝上拍下商品并成功付款到支付宝。

第二十八条　下架，指将出售中的商品转移至线上仓库。

第二十九条　包邮，指卖家对所售商品承担大陆地区首次发货的运费。

第三章　交易

第一节　注册

第三十条　淘宝会员名、淘宝店铺名或域名中不得包含违反国家法律法规、涉嫌侵犯他人权利或干扰淘宝运营秩序等相关信息。会员名注册后不得自行修改。淘宝有权收回未通过支付宝实名认证且连续一年未登录淘宝或阿里旺旺的会员名。

第三十一条　若会员已通过支付宝实名认证且发布过商品或创建过店铺、尚有未完结的交易或投诉举报、支付宝账户尚未被激活或尚有被冻结款项的，则其淘宝账户不得与支付宝账户取消绑定。

第二节　经营

第三十二条　会员将其账户与通过实名认证的支付宝账户绑定，公示真实有效的姓名地址或营业执照等信息，并通过开店考试后，方可创建店铺。一个会员仅能拥有一个可出售商品的账户。

第三十三条　会员账户已绑定通过实名认证的支付宝账户，即可发布闲置商品，但创建店铺后方可发布全新商品。已发布商品的数量可能受到以下限制：

一、淘宝网有权根据卖家所经营的类目、信用积分调整其商品发布数量上限，但被调整后的可发布商品数量不少于一百件。

二、淘宝网卖家发布闲置书籍、闲置音像类商品不得超过五十件，且同款闲置书籍不得超过一件。

第三十四条　“商品如实描述”是卖家的基本义务，指卖家在商品描述页面、店铺页面、阿里旺旺等所有淘宝提供的渠道中，应当对商品的基本属性、成色、瑕疵等必须说明的信息进行真实、完整的描述。

卖家应保证其出售的商品在合理期限内可以正常使用，包括商品不存在危及人身财产安全的不合理危险、具备商品应当具备的使用性能、符合商品或其包装上注明采用的标准等。

第三节　超时规定

第三十五条　自买家拍下或卖家最后修改交易条件之时起三天内，买家未付款的，交易关闭。

第三十六条　买家自付款之时起即可申请退款。自买家申请退款之时起两天内卖家仍未点击发货的，淘宝通知支付宝退款给买家。

第三十七条　自卖家在淘宝确认发货之时起，买家未在以下时限内确认收货且未申请退款的，淘宝通知支付宝打款给卖家：

一、自动发货商品一天内。

二、虚拟商品三天内。

三、快递、EMS及不需要物流的商品十天内。

四、平邮商品三十天内。

第三十八条　买家申请退款后，依以下情况分别处理：

一、卖家拒绝退款的，买家有权修改退款协议、要求淘宝介入或确认收货。买家在卖家拒绝退款后七天内未操作的，退款流程关闭，交易正常进行。

二、卖家同意退款或在五天内未操作的，且不要求买家退货的，淘宝通知支付宝退款给买家。

三、卖家同意退款或五天内未操作的，且要求买家退货的，则按以下情形处理：

1. 买家未在七天内点击退货的，退款流程关闭，交易正常进行；

2. 买家在七天内点击退货，且卖家确认收货的，淘宝退款给买家；

3. 买家在七天内点击退货，通过快递退货十天内、平邮退货三十天内，卖家未确认收货的，淘宝通知支付宝退款给买家。

第四节　评价

第三十九条　买卖双方在支付宝交易成功后十五天内可以进行评价。评价包括“信用评价”及“店铺评分”。

第四十条　在信用评价中，评价人若给予好评，则被评价人信用积分增加一分；若给予差评，则信用积分减少一分；若给予中评或十五天内双方均未评价，则信用积分不变。如评价人给予好评而对方未在十五天内给其评价，则评价人信用积分增加一分。

第四十一条　店铺评分由买家对卖家做出，包括宝贝与描述相符、卖家服务态度、卖家发货速度、物流公司服务四项。每项店铺评分取连续六个月内所有买家给予评分的算术平均值。买家若完成对淘宝商城卖家店铺评分中宝贝与描述相符一项的评分，则其信用积分增加一分。每个自然月，相同买、卖家之间交易，卖家店铺评分仅计取前三次。店铺评分不得修改。

第四章　特殊市场

第一节　专营类目

第四十二条　成人避孕用品计生用品类目，是供符合特定条件的淘宝网卖家发布该类目所属商品的网络交易平台。卖家加入该类目后，店铺内仅允许出售成人用品，且露点、纱状、网状、镂空的情趣内衣、成人用具商品中的敏感部位均须采用淘宝指定的遮盖物进行修饰。卖家若同时满足以下条件，即可加入成人避孕用品计生用品类目：

一、提供真实、有效的身份信息进行备案。

二、未在近三个月退出该类目。

第四十三条　书籍杂志报纸类目，是供符合特定条件的淘宝卖家发布该类目所属商品的网络交易平台。卖家若同时满足以下条件，即可加入书籍杂志报纸类目：

一、普通卖家需具备《出版物经营许可证》，代购卖家需提供境内网站代购账户等级信息及近一个月的代购订单信息。

二、未曾两次退出该类目。

卖家若发生以下任一情形，即被书籍杂志报纸类目清退：

一、一般违规行为扣分累计达十二分。

二、严重违规行为扣分累计达十二分。

第四十四条　音乐影视明星音像类目，是供符合特定条件的淘宝卖家发布该类目所属商品的网络交易平台。卖家若同时满足以下条件，即可加入音乐影视明星音像类目：

一、普通卖家需具备《音像制品经营许可证》，代购卖家需提供境内网站代购账户等级信息及近一个月的代购订单信息。

二、未曾两次退出该类目。

卖家若发生以下任一情形，即被音乐影视明星音像类目清退：

一、一般违规行为扣分累计达十二分。

二、严重违规行为扣分累计达十二分。

第四十五条　保险类目，是供符合特定条件的淘宝商城卖家发布该类目所属商品的网络交易平台。

卖家若同时满足以下条件，即可加入保险类目：

一、卖家为经营保险服务的国家级总公司。

二、符合类目运营要求。

第四十六条　彩票类目，是供符合特定条件的淘宝卖家发布该类目所属商品的网络交易平台。卖家若同时满足以下条件，即可加入彩票类目：

一、卖家为省级以上彩票管理发行销售机构。

二、符合类目运营要求。

第四十七条　淘宝旅行类目，是供符合特定条件的淘宝卖家发布该类目所属商品的网络交易平台。

卖家若同时满足以下条件，即可加入淘宝旅行类目：

一、出售机票的卖家须具有中华人民共和国《企业法人营业执照》、中国民用航空局及各分局授予的销售终端 ID 号。

二、出售机票的卖家须提供《中国民用航空运输销售代理业务资格许可证书》或《国际航协机票代理资格证书》，其中出售国际机票的卖家须提供一类资质证书。

三、出售机票的卖家账户须通过支付宝商家认证。

四、出售国际机票的卖家在支付宝账户中存入五万元保证金，出售国内机票卖家在支付宝账户中存入一万元保证金。

五、出售机票的卖家未在近三个月退出机票类目。

六、出售旅行线路的卖家须具有中华人民共和国《企业法人营业执照》及《旅行社经营许可证》。

七、符合类目运营要求。

卖家发生以下任一情形，即被淘宝旅行类目清退：

一、出售国内机票的卖家一个自然月内，未在五分钟内响应或未在十五分钟内处理完毕买家的退改签申请达两次以上，或接受买家的退款申请后未在十五分钟内处理完毕达两次以上，或成功受理订单后以任何理由拒绝出票达两次以上，或未及时为买家提供行程单或发票达两次以上的。

二、出售国内机票的卖家擅自发布国内机票以外商品，出售国际机票的卖家擅自发布《国际电子客票平台合作协议》中未规定商品的。

三、出售机票的卖家不再符合前款之类目加入条件的。

第二节 淘宝商城

第四十八条 淘宝商城，指由特定企业卖家出售商品的网络交易平台。

第四十九条 卖家必须满足以下条件，才有权申请加入淘宝商城：

一、卖家持有完成有效年检的《企业法人营业执照》且拟在淘宝商城开展的经营活动不超过其《企业法人营业执照》核准的经营范围。

二、卖家及其销售的商品符合《淘宝商城招商标准》。

三、卖家有效签署《淘宝 B2C 服务协议》及其相关附属协议。

四、卖家符合淘宝商城要求的其他条件。

第五十条 卖家若发生以下任一情形，淘宝商城有权清退：

一、销售侵犯注册商标专用权的商品，或侵犯著作权的软件、出版物商品。

二、未经商标注册人同意，更换其注册商标并将该更换商标的商品进行销售的。

三、出售未经正常中国海关报关程序的境外商品。

四、向淘宝商城提供伪造、变造的卖家资质或商品资料。

五、其他侵犯知识产权且情节严重的。

六、未达到淘宝商城的试运营考核或季度考核标准的。

第三节 良无限

第五十一条 良无限，是指由特定企业卖家及个体工商户卖家销售非知名品牌或无品牌优质商品的网络交易平台。

第五十二条 卖家需要且只需要满足以下条件，即可加入良无限频道：

一、卖家持有完成有效年检的《企业法人营业执照》或《个体工商户营业执照》且拟在良无限开展的经营活动不超过其《企业法人营业执照》或《个体工商户营业执照》核准的经营范围。

二、卖家及其销售的商品符合《良无限申请资质及条件》。

三、卖家有效签署《良无限服务协议》及其相关附属协议。

四、卖家未在近六个月退出过良无限。

五、卖家须按《良无限质量认证体系》的要求完成认证。

六、卖家符合良无限要求的其他条件。

第五十三条　卖家若发生以下任一情形，即被良无限频道清退：

一、退出消费者保障服务的。

二、退出七天无理由退换货服务的。

三、退出闪电发货服务的。

四、提供伪造、变造的卖家资质或商品资料。

五、发布《良无限限制品牌参考目录》所属品牌商品三次以上的。

六、卖家不再符合《良无限质量认证体系》要求的。

七、已通过良无限质量认证的卖家，实际所售商品与认证时提供的商品不一致两次以上的。

第五章　市场管理

第一节　市场管理措施

第五十四条　为了提升消费者的购物体验，维护淘宝市场正常运营秩序，淘宝按照本规则指定的情形对会员及其经营行为采取以下临时性市场管控措施：

一、单个商品搜索降权，是指调整商品在搜索结果中的排序。

二、全店商品搜索降权，是指调整会员店铺内所有商品在搜索结果中的排序。

三、单个商品搜索屏蔽，是指商品在搜索结果中不展现。

四、单个商品单一维度搜索默认不展示，是指商品信息在按价格、信用、销量等单一维度的搜索结果中默认不展现，但可经消费者选择后展现。

五、全店商品单一维度搜索默认不展示，是指会员店铺内所有商品在按价格、信用、销量等单一维度的搜索结果中默认不展现，但可经消费者选择后展现。

六、单个商品监管，是指在一定时间内商品信息无法通过搜索、商品链接等方式查看。

七、店铺监管，是指在一定时间内会员店铺及店铺内所有商品信息无法通过搜索、店铺或商品链接等方式查看。

八、限制参加营销活动，是指限制卖家参加淘宝官方发起的营销活动。

第二节　市场管理情形

第五十五条　卖家应积极提升自身经营状况，为消费者提供高品质的商品及优质的服务。对于符合商品品质好、服务质量高等情形的卖家，淘宝会适当给予鼓励或扶持的措施。

第五十六条　淘宝根据卖家的好评率、店铺评分、退款率及纠纷退款率等，对低于淘宝指定标准的卖家限制参加营销活动，且给予全店商品单一维度搜索默认不展示。特殊市场另有规定的除外。

第五十七条　卖家应遵守并严格履行与买家之间的约定。除定制、预售及适用特定运送方式的商品外，淘宝商城卖家在买家付款后表示缺货或实际未在七十二小时内发货，最低需向买家赔偿实际交易金额的百分之十且不超过一百元。

第五十八条　卖家应妥善管理其所发布的商品信息。对近九十天内未编辑、未经浏览且未成交的商品，淘宝网将定期进行下架处理。

第五十九条　卖家所发布的商品信息各要素应真实合理，且应与商品本身相符。

第六章　违规

第六十条　违规行为，是指涉嫌损害消费者、经营者或淘宝的正当权益，及涉嫌违反国家法律法规的行为。会员发生违规行为的，其违规行为应当纠正，并扣以一定分值且公布三天。违规扣分在每年的十二月三十一日二十四时清零。因分销商品引起的违规行为，若淘宝判定非分销商责任的，则分销商免于扣分，仅对违规行为进行纠正。违规行为包括严重违规行为及一般违规行为，两者分别扣分、分别累计、分别执行。

第六十一条　会员违规行为的纠正，是指：

一、发布违禁信息的，淘宝对会员所发布的违禁商品或信息及因此产生的交易评价进行删除。

二、侵犯知识产权的，淘宝对会员所发布的侵犯知识产权的商品或信息及因此产生的交易评价进行删除。

三、盗用他人账户的，淘宝收回被盗账户并使原所有人可以通过账户申诉流程重新取回账户。

四、泄露他人信息的，淘宝对会员所泄露的他人隐私资料的信息进行删除。

五、骗取他人财物的，淘宝对用以骗取他人财物的商品或信息及因此产生的交易评价进行删除。

六、滥发信息的，淘宝删除会员所滥发的商品或信息，或对出售同样商品的两家以上店铺中信用积分较低的副店进行关闭。

七、虚假交易中通过不正当方式提高账户信用积分的，淘宝删除会员虚假交易产生的信用积分以及其两倍数量的其他信用积分，并下架店铺内所有商品；虚假交易中通过不正当方式提高商品销量的，淘宝删除该商品。

八、描述不符的，卖家对商品材质、成分、品质等信息的描述与买家收到的商品严重不符，或导致买家无法正常使用的，淘宝删除该描述不符的商品；卖家未对商品瑕疵等信息进行披露或对商品的描述与买家收到的商品不相符，且影响买家正常使用的，淘宝下架该描述不符的商品。

九、违背承诺的，卖家须偿还延迟发货所规定的赔偿款，履行如实描述义务或消费者保障服务规定的赔付、退货、换货、维修服务；或卖家须按实际交易价款向买家或淘宝提供发票。

十、恶意评价的，淘宝或评价方删除该条违规评价。

十一、不当注册的，淘宝查封使用软件、程序方式大批量注册而成的账户。

十二、未依法公开或更新营业执照信息的，卖家公开或更新其营业执照信息。

第六十二条　严重违规行为，是指严重破坏淘宝经营秩序，并涉嫌违反国家法律法规的行为。

一、会员严重违规扣分累计达十二分的，处以店铺屏蔽、限制发布商品、限制创建店铺、限制发送站内信、限制社区功能及公示警告七天的处罚。

二、会员严重违规扣分累计达二十四分的，处以店铺屏蔽、下架店铺内所有商品、限制发布商品、限制创建店铺、限制发送站内信、限制社区功能及公示警告十四天的处罚。

三、会员严重违规扣分累计达三十六分的，处以关闭店铺、限制发送站内信、限制社区功能及公示警告二十一天的处罚。

四、会员严重违规扣分累计达四十八分的，处以查封账户的处罚。

会员因单次违规扣分较大，导致累积扣分满足多个节点处罚条件的，或在被处罚期间又须执行同类节点处罚的，仅执行最重的节点处罚。

第六十三条　一般违规行为，是指除严重违规行为外的违规行为。会员因一般违规行为，每扣十二分即被处以店铺屏蔽、限制发布商品及公示警告十二天的节点处罚。

若会员因恶意评价或竞拍不买被扣分，则在随后的节点处罚中将对其增加限制买家行为的处罚。

第六十四条　被执行节点处罚的会员，当其全部违规行为被纠正、所受处罚期间届满且通过规则考试后，方可恢复正常状态。

第六十五条　出售假冒商品，是指用户发生以下行为：

一、卖家出售假冒、盗版商品且情节特别严重的，每次扣四十八分。

二、卖家出售假冒、盗版商品且情节严重的，每次扣二十四分。

三、卖家出售假冒、盗版商品的，每次扣十二分。

四、卖家涉嫌出售假冒、盗版商品的，每件扣两分（三日内不超过十二分）；情节严重的，每次扣二十四分。

为了防止对公众造成不利影响，保护消费者权益，对涉嫌违反上述情形的卖家，淘宝视情节严重程度给予店铺监管。

第六十六条　盗用他人账户，是指盗用他人淘宝账户或支付宝账户，涉嫌侵犯他人财产权的行为。盗用他人账户的，每次扣四十八分。

第六十七条　泄露他人信息，是指未经允许发布、传递他人隐私信息，涉嫌侵犯他人隐私权的行为。泄露他人信息的，每次扣六分。

第六十八条　骗取他人财物，是指以非法获利为目的，非法获取他人财物，涉嫌侵犯他人财产权的行为。骗取他人财物的，每次扣四十八分。对于系统排查到的涉嫌骗取他人财物的商品信息，淘宝将在两个工作日内进行人工排查，人工排查期内给予单个商品搜索屏蔽或降权。

第六十九条　扰乱市场秩序，是指通过不正当方式，刻意规避淘宝规则或市场管控措施的行为。扰乱市场秩序的，每次扣二十四分；情节严重的，每次扣四十八分。对涉嫌扰乱市场秩序的商品，淘宝给予单个商品搜索降权直至商品整改完成后第三天恢复。同时根据店铺内此类商品数量给予卖家七至九十天的全店商品搜索降权。

第七章　执行

第一节　交易的执行

第七十条　若买家发起的退款申请在三天后尚未完结的，买家可要求淘宝介入。

第七十一条　买家在交易成功后，若发现卖家有描述不符或违背承诺的情形，可在十五天内任意时间要求淘宝介入。

第二节　违规的执行

第七十二条　用户的违规行为，通过淘宝会员、权利人的投诉或淘宝排查发现。

第七十三条　对违规行为的投诉，除滥发信息、虚假交易、不当注册、发布违禁信息、侵犯知识产权、盗用他人账户、泄露他人信息可随时提交投诉外，其余须在以下规定时间内进行投诉；未在规定时间内投诉的，不予受理：

一、延迟发货的投诉时间，为交易关闭后十五天内。

二、违背承诺的投诉时间，为买家拍下后十五天内。

三、描述不符、恶意评价、骗取他人财物的投诉时间为交易成功后十五天内。

第七十四条　对延迟发货、违背承诺及恶意评价的违规行为，被投诉人须在被投诉之日起三天内提交证据。逾期未提交证据的，淘宝有权根据当时所掌握的情况进行判断与处理。对其余违规行为的判断与处理，淘宝在收到投诉后立即进行。

第七十五条　卖家自行做出的承诺或说明与本规则相悖的，淘宝不予采信。除证据有误或判断错误的情形外，对违规行为的处罚不中止、不撤销。

第三节　类目审核

第七十六条　加入成人类目的卖家发布图片的审核，淘宝将在卖家上传图片之日起五个工作日内反馈图片审核结果。

附　则

第七十七条　淘宝用户的行为，发生在本规则生效或修订以前的，适用当时的规则；发生在本规则生效或修订以后的，适用本规则。

第七十八条　本规则中的以上，包含本数；本规则中的以下，不包含本数。